第一次　自己建國　就上手

独立国家のつくりかた

坂口恭平　著　王榆琮　譯

目次

前言

大家好，我是坂口恭平。雖然我不知該如何說明自己的職業，但我想對大家說：「你覺得我是什麼樣的人，我就是什麼人。」不過，我還是想在這裡清楚地介紹一下我的工作內容。

一九七八年，我在熊本縣出生，目前三十四歲，有一位妻子和一個三歲的女兒。還有，我收了一個名叫阿米的徒弟。

我的家位於熊本市的某棟公寓大樓內，坪數約為二十一坪，是一間備有三房一廚的公寓，房租是六萬日圓。此外，我還有一間辦公室，就在夏目漱石在熊本五高（第五高等學校）擔任英語教師時的故居的對面。那是棟屋齡有八十年、建地約六十一坪的古早日式建築。我和徒弟花了十五萬日圓進行改建，後來又以三萬日圓的超低破盤價租到這棟房子。

二〇一一年時，我的年收入為一千萬日圓，目前存款為三百萬日圓。

生於熊本的我，從當地的高中畢業後，為了到早稻田大學學習建築，所以前往東京生活。後來，我在建築師石山修武先生的門下學習，畢業後也以無給付學費的形式在石山先生的研究室裡繼續學，接著我就一直自行接洽各類工作。

雖然我說自己是建築師，但以現行的日本法規來看，我建造過的東西並不算是「建築」，頂多只是蓋出了幾棟像小孩玩具般的房子。換句話說，就日本的法律而言，我只是一個「沒有實質建造經歷的建築師」。當然，我也沒有取得建築師執照，因為就我的工作性質來看，我認為自己沒有必要取得相關執照。

我的畢業論文主題是調查街友的居住狀況。由於我對建築物被商品化的現況感到絕望，所以我想建造一種像鳥巢般的房屋供人居住，而在我看到街友們所住的房子後，我對建築領域又燃起了希望。

那篇畢業論文在二〇〇四年時，以寫真集的形式出版，名為《零元住家》。換句話說，我步入社會時的身分是攝影師。不過，由於這類題材的書籍在日本沒有銷路，所以二〇〇五年，我前往歐洲和北美地區，與當地的現代藝術界交流。二〇〇六年時，我首度在加拿大漢堡州立美術館舉辦個展。由於漢堡方面定義我為現代藝術家，所以我的作品有了贊助商，這也成為我的主要收入來源。

二〇〇八年時，我回到日本，開始寫作，以沒有實質建造經歷的建築師身分來告訴大眾，「家」這個詞究竟代表著什麼意思。到目前為止，我已經出過四本書、兩冊文庫本，其中還有一本被翻譯成韓文。加上寫真集，我總共出了八本書。換言之，我也算是一名作家了。

此外，我每個月都有三到四場的演講。這是因為透過談話的形式，我比較容易將自己的想法傳達出來。還有，我在大學演講的次數也很多，不過由於說笑話的時間比講正經話的時間還多，所以我也算是一名相聲家。事實上，我也有過說落語（譯註：一種類似說書、相聲的日本傳統表演）的經驗。我以前曾在柳家三三師父的門下當過前座（譯註：落語家的一種位階，大約是從練習生升格為正式新人的程度）。所以，我也曾當過落語家。

還有，我能用吉他自彈自唱，我在街上走唱一整天能賺進約一萬日圓。在念書時，我也都是靠這種才藝賺錢，當時甚至還出過幾張專輯呢。當然，唱片是我自己發行的，但靠著這項才藝我也養得起自己。所以說，我也稱得上是一名音樂家。

到了二〇一二年的夏天，我前往歐洲工作三個月。在那裡，跟我一起工作的夥伴大多是負責表演、舞台劇的導演，而他們認為我是一個能在日常生活中演活自己的演員。因此，由歐洲的觀點來看，我也算是表演工作者。

然後到了最近，我蓋了一間附有車輪的房屋。這個附有車輪的屋子名為「移動式住家」，雖然在日本法律上不能算是正式的房屋，但當我前往處於泡沫經濟、因而房租不斷上漲的新加坡時，聽我演講的新加坡人也視我為道地的建築師。所以，我也能算是一名建築師。

之後我又更上一層樓，開始擔任起「新政府」的行政院長。也許你現在會覺得這種發展未免也太莫名其妙，但其中的緣由我會在這本書裡娓娓道來。

總之，我成立了一個獨立國家。

因為我這個人，就是不想附庸於他國名下，我只想靠自己的手創造出屬於自己的人生。

那麼，為什麼我想創造這樣的人生呢？

這是因為我小時候產生一些疑問，但一直都沒有人可以回答我，所以我才想創建一個獨立國家，仔細地來探討小時候的那些問題。

無論如何，我想在此列出我一直在思考的那些疑問，也請各位一起來想想。換成是你，你又會如何回答這些問題呢？

我由衷地希望各位讀者能一邊思考我的問題，一邊閱讀本書。

坂口恭平從小所抱持的疑問：

一、為什麼在所有動物裡，只有人類必須靠錢才能生活下去呢？還有，「沒錢萬萬不能」是真的嗎？

二、我們每個月都要繳房租，但為什麼我們不是把錢回饋給腳下的土地，而是把錢繳給房東呢？

三、汽車的電池能用來驅動大多數的家電產品，但為何我們還需要建造核電廠，以獲得大量電力呢？

四、「土地基本法」是為了防範人們將土地作為投機營利之用，但為何不動產業者卻不會因此遭到檢舉呢？

五、被我們稱為「金錢」的東西，其實是日本銀行發行的債券，但為何我們拿到日本銀行的債券都會開心得不得了呢？

六、很多人的庭院裡都種著可供食用的枇杷樹或橘子樹，但為何大家還是覺得沒錢就會死呢？

七、我認為日本若是真的保障人民生存的權利，那就不該有街友露宿街頭。既然街友這麼多，為何我國政府還要剝奪他們自己搭建小房子的權利呢？

八、在二〇〇八年時，日本的空屋率為百分之十三點一。而野村綜合研究所預測，二〇四〇年時，日本的空屋率將提升到百分之四十三。但為何現在還是有很多人不斷地蓋房子呢？

如果你的孩子們也提出這樣的問題，身為大人的你又該如何回答？

好了，我的開場白就說到這裡。接下來《第一次自己建國就上手》就要正式開始啦。

序　水溝裡的探險

在開始前，我想先說說我小學一年級時的探險故事。

那是很愉快，而且幾乎所有人都有機會注意到的探險。當年我和我的朋友小隆常常會一起進行。

而且我認為從開始探險以來，直到現在，我的探險都還沒有結束。

現在，我想以小時候的探險故事作為本書的楔子。

小時候，我住在福岡縣糟屋郡的新宮，那是一個位在玄界灘沿岸的小鎮。

我的父親任職於電電公社（譯註：「日本電信電話公社」的簡稱，現為日本電信電話株式會社），

而我們所住的房子正是電電公社提供的員工住宅。那是由四十棟大樓並排而成的住宅

區。由於我小時候都在住宅區內生活，所以那裡對當時的我而言，就像是宇宙般廣大。

直到上小學後，我才漸漸發現，除了自家以外，還有不同的世界存在。而一樣住在員工住宅的小隆，也常常和我四處去玩耍。因為小學同學的關係，我開始了解到，在住宅區以外，這世上還有很多不同的人，居住在不同的生活環境中。

住在員工住宅的人都是中產階級，而且與新宮沒有地緣關係，每個人都和我父親一樣，是因為調職才住進來的。

從我家往海邊的方向走去，可以看到一條大水溝，如果再從水溝上的橋橫越到對面，就會到達兩旁種著松樹的道路。繼續沿著道路走下去，原本的柏油路會逐漸與砂石路接壤。走出松樹林後，映入眼簾的便是玄界灘了。

如果不繼續往海邊走，而稍微偏西，就會看到有別於員工住宅那種外觀一致的建築的古老集落。那裡是從以前就存在的神社或祠堂，我有很多同班同學住在那裡，他們家不是一般的三人小家庭，有些還跟祖父母們住在一起，是大家族。由於那個地方有很多汽車開不進來的道路，所以對我們小孩子來說，是很適合大玩特玩的好地方。

若是面向海邊往東走，就能看到一個井然有序的住宅區。那是由名為「積水」的房屋建設公司規畫出來的新興住宅區，那裡的每間房子細節都很妥善，而且每一戶都有大院子和磚牆。

當時我喜歡的女生就住在那裡。雖然我只去過她家一次，不過在我知道她有自己的房間，家中還有挑高設計的客廳、保養良好的庭院草皮後，我就很嚮往這樣的居住空間。

那時的我就是像這樣，反覆地在腦海中玩味著朋友們的家有何差別，還有當地不同生活習慣所形成的房屋設計、家族結構帶來的差異，同時也隱約地體會到不同於自家生活的當地風情。

玄界灘的大海和土地，每次都像是不介意我的存在般，默默地接受我的到來。所以我只要在那附近的海邊待著，心情就會感到特別平靜。

此外，有一次我在松樹林中發呆時，不經意地看到沙地中有蟻獅。當我看到蟻獅正在挖坑、等著獵捕螞蟻時，我高興地想著：「啊，這就是蟻獅的家呀。」

那時我就覺得自己喜歡可以親近大自然、並且和昆蟲一起生活的房屋。同時我也變得不怎麼喜歡自己住的住宅區。

但即使如此，住宅區裡有我的朋友，而和朋友相處讓我感到快樂，所以我還是可以接受住在員工住宅區。跟在什麼樣的房子裡相比，對我而言最重要的還是和自己相處的人。

我和小隆常常在玄界灘找樂子，經驗多了以後，我們還能自己發明新的遊戲來玩。

當時小孩子們很流行玩彈簧跳跳馬，那是一種很像竹馬，下面有彈簧，可以跳來跳去的玩具。我們常常會踩著這個玩具，在人行道、草地、柏油路、庭院的踏腳石上跳來跳去。

如果我小時候不曾像這樣找樂子，我就不會把那個被柏油路包圍、而且了無生趣的單調住宅區當作探險的舞台了。

另一種遊戲是，我會突然想要去廣大的荒野旅行，只要是我從來沒見過的地方都可以，反正就是愈遠愈好。

那麼，我在住宅區裡又該怎麼玩這種遊戲呢？

首先，我會想像自己是一個很小很小的人，就像《親愛的，我把孩子縮小了》裡的小孩一樣，變得跟豆子一樣大。這麼一來，自己平時遊玩的空間應該就會變得無限廣大了吧？不過，畢竟我本人沒有真的變小。以大人的角度來看，這只是個不切實際、立刻就可以放棄的幻想，但當時還是小孩子的我卻不會這麼認為，我反而會拚命想辦法讓自己真的變小。

所以我常借鑒月刊《Corocoro漫畫》裡的〈高爾夫頑童猿丸〉。我運用想像力，將整個住宅區化為漫畫中那種耍特技般的高爾夫球場。不過，只是玩高爾夫還不足以讓我的身體變小，所以我以彈珠代替高爾夫球來玩這個遊戲。

「天啊，這真是太神奇了。」每當我透過彈珠觀看周遭的環境，原本平凡無奇的住宅區就會突然變為大到嚇死人的惡魔高爾夫球場：後院的草皮變成球道、鎮民集會中心後方的雜草成了茫茫無際的草叢、原本雨水積成的水窪則變得像是大池子，盆栽裡的小樹也成了一排排整齊的樹林。

其實我並沒有動手做什麼，只是轉換一下思考，就能創造出一番幻象般的景色。在轉換思考後，我對本來不怎麼喜歡的住宅區逐漸改觀，開始覺得那裡是個很好玩的地方。

但是，這麼做我仍舊不滿足，即使用上彈簧跳跳馬和彈珠，還是無法營造出身臨其境的體驗。我最想要的是如履薄冰般的刺激探險感，那些遊戲對我而言還少了這個。

有一天，我要去海邊玩耍時，看到了員工住宅附近的排水溝，大小剛好可讓一般人鑽進去。其中有的裝設水泥水溝蓋、有的則裝鐵欄杆式的水溝蓋，那種大小，應該就是為了方便入內施工而打造的吧？

我很在意蓋子下面水溝裡的狀況，盯著看時也發現裡頭的水量並不多，就算是小孩子進去，水大概也只會淹到腳踝。

觀察到這些後，我又心想：「這些水最後會流到哪裡去呢？」

會不會都流到大海裡？

之後，我和小隆沒有想太多，馬上各自跑回家拿手電筒、穿雨鞋，再過來會合，接著我們便打開鐵欄杆式的水溝蓋，一起潛入排水溝探險。當時，在我們兩人眼前的是看不到盡頭的幽暗隧道。

接著我們興奮地在排水溝裡到處走動。

就這樣，我們展開了大冒險，同時我也有了些許的恐懼感。當時我很確定，這才是真正的探險，恐怖和好奇的感受讓心臟噗通噗通地跳。沒想到原本無聊的住宅區裡，居然還隱藏著電影《七寶奇謀》般的場景。發現了這個地方的我們，因為能擺脫無聊的日常而興奮不已。

進入排水溝後，我們發現有很多被小孩子稱為「大蚊子」的可怕飛蟲在四處亂飛。由於伸手不見五指，所以我總覺得黑暗中或許還藏有無數種恐怖的動物。一想到牠們可能正屏息以待，準備要攻擊我們，就讓我十分恐懼。

正當我們怕到不敢繼續走下去、準備回頭時，突然前方出現了光芒。

結果出現在眼前的，就是我每次去海邊都會橫越過去的水溝。

我從下方看著水溝上的橋，心想，雖然是一樣的空間，但卻因為視角改變了，讓眼前的世界產生了變化。要有所「改變」並不一定只能靠工程，並不是只有那樣才能將住宅區營造成叢林。

改變走路的路線、改變視角、改變思考方式，就讓我對這整個世界改觀，感受到生命蘊藏著無限的可能性。

之後我們總算抵達出口。

我們看到的，是以前從沒見過的海景。光是到達海邊的路線不同，就能讓我看到不一樣的景象。

也因為這樣，我開始喜歡起員工住宅區了。

我認為，不管是多麼無聊的世界，只要換個觀點看待，就會有截然不同的冒險旅程。這不是因為想「改變」而刻意去革命，倒不如形容，是在轉換思考方式時，革命就已然開始了。這種概念不是要「改變」世界，而是要「擴增」看待世界的觀點。是一種能找出無數種生存方法的技術。

你只要學會這麼做，就能為自己的生命找到更理想的出路。

總之，兒時的那次水溝探險，就是我現在思考的原點。

第一章　生活中早就存在無限的層面

Chapter 1

1 街友的新生活層面

房子只能算是寢室

大約十二年前，二〇〇〇年時，我還是早稻田建築系大四的學生。當時，我在隅田川附近散步，看到一些用藍色塑膠布搭成的房子。那時我不想找工作，也沒有打算成立設計公司，對自己的未來一片茫然，不過我每天都會到處觀察，就像是在尋找些什麼一樣。

在當時的我眼中，那些人只不過是遊民而已，不過，我卻有些在意他們的生活情形。我是讀建築的，打量他們的房子後，我疑惑：這也能算是建築物嗎？這些人的房子看起來很小，小到似乎一點發展性也沒有，我反而還覺得他們很需要別人的救濟。

有一次，我卻發現一間很特別的房子。雖然看起來不過是由藍布搭成的房子，但屋頂上卻裝著一個很不可思議的東西。仔細一看，才發現那是太陽能發電板。我對這個從來沒見過的高科技房屋感到很驚奇。

走進屋裡一看，還發現裡頭有一張榻榻米，是一間小房子呢。而且裡頭全部使用電器產品喔！房子的規格，正面寬度剛好是九十公分，看得出是一間經過精心設計的房子。

事實上，我認為這間房子是所有我看過的建築物中，最貼近我想法的房子。不但在都市中自然生息，而且以東京的自然素材為原料，不花費半毛錢（廢物回收利用），親手打造出剛好合住的房屋。這一點和為了勉強配合生活，只好花錢付房貸、繳房租的現代房子有很大的不同。

雖然大家都稱這種人是「無家可歸的遊民」，然而這確實是他的家。和他聊過以後，我更加覺得這真的是一個道地的「家」。同時，我覺得我自己還比

二○○○年時，我在隅田川旁看到的藍布房子。屋頂上還架設著太陽能發電板。

我用鉛筆畫下來的實測圖。

較像是借宿在別人房子裡的遊民。

不過，他家很小，狹窄到讓人覺得這不適合人類居住，裡頭的寬度就只有一塊榻榻米的四十公分大小。我問他，住在這麼狹窄的房子裡，不會覺得很麻煩嗎？結果他說：「這你就錯了。這個房子只能算是我的寢室而已。」

當時我聽了，只覺得丈二金剛摸不著頭腦，所以他開始為我解釋。

晴天時，他會在隔壁的隅田公園看書，或是參考撿來的國中音樂課本彈吉他。此外，公園廁所和自來水也都隨便他使用，而且他一個星期會去附近的澡堂洗一次澡。想吃飯就去超市幫忙打掃，還能順便拿到人家給的肉和青菜。所以，對他來說，一個寢室大小的房子就夠用了。

聽完後，我感到茅塞頓開。之後我在演說中一直提及的許多觀念，就是在這時萌芽的。

對他來說，公園就像是起居室、廁所、供水處；圖書館則是書房，超市就像冰箱，至於那個房子就是寢室了。

我把這種生活方式稱為「一個屋簷下的都市」。對他而言，他的居住空間不只有那個房屋，每天生活的整個都市都算是他的大房子。同樣的事物，只要改變觀點，就會產生完全不同的意義。而他的房屋、生活方式、看待都市的著眼點，都存在著無數的層面（Layer）。

他看待事物的層面和普通人所見的層面不同，不但沒有人發現到他的生活觀點，而且也沒人跟他搶著利用資源，同時沒有人會反對他的行為，而且他還能確實地實踐前所未有的空間使用概念。我發現這和最近常常提倡的「分享」有些不同，而他能將這種空間使用概念完全融入生活裡，這簡直就是「不同層面的生活空間」。人類學家李維史陀（Claude Lévi-Strauss）也曾表示，借用既有的他物來達成目的，即是「拼裝」的概念。我有預感，這種全新的房屋使用態度，能幫我找到重要的研究線索。

鈴木先生的淺草和我的淺草

那次邂逅之後，我持續在街上研究街友們的房屋。他們的房屋和經過商業化的房屋不同，以人類最原始的觀點來看，他們的房屋簡直就是最接近巢穴的居住方式。當然，這種房屋的施工總預算是零元。而且我發現自己愈是觀察街友們的生活方式，就愈能從中獲得啟發。

他們習慣回收都市裡的剩餘物品，將之轉為房屋建材使用。對我們來說，所有房屋建材都是需要購買的商品，然而他們卻經常將我們沒有注意到的「自然」素材看在眼裡，並且回收再利用。簡單地說，他們用的建材就是我們所謂的「垃圾」。

我將街友們回收再利用的生活型態稱為「都市的恩賜」（詳情請見《從零開始的都市狩獵採集生活》）。只要改變看待事物的角度，同樣的東西也會成為完全不一樣的資源，這個觀念同時創造出了多層面的生活結構。

對我來說只是沒用的垃圾，但對他們而言卻是珍貴的房屋建材，甚至還能拿來換錢。持續觀察街友們的生活後，我發現不只是他們的房屋具有多層面的概念，甚至連他們的生活也都充滿了多元性。

例如我和住在隅田川的鈴木先生一起走在淺草的街上時，他就告訴我淺草截然不同的另一面。像是每周有哪間電器行可以撿回收電池，每天有哪間壽司店會丟棄乾淨、仍可食用的醋飯，哪個停車場旁的花圃上可以採收楤木芽，哪棵柿子樹長的新葉拿來做天婦羅最好吃……。

換言之，鈴木先生擁有和一般人不同的導覽地圖。就像是地質學家在原本的地圖上畫出等高線，放上透明的描圖紙後再重新標記，成為全新的地圖那般；鈴木先生心中的淺草，和我印象中的淺草有著完全不同的面貌。

佐佐木先生的哲學

在另一位街友佐佐木先生的眼中，淺草也有不同的風貌。佐佐木先生是個可以從垃圾袋裡找出黃金、白金的尋寶獵人，他一個月能收集到大約價值五十萬日圓的回收金屬。由於許多愛趕流行的女性在金屬方面的知識較為不足，會輕易丟棄貴金屬，因此佐佐木先生才會像美國淘金熱時的西部牛仔般，到處回收金屬製品。

佐佐木先生的座右銘是：「我這人最討厭花錢了。」除了會極力避免用錢買東西之外，他同時也執著於將垃圾轉化為自身財產。

其實，他以前也租過房子。不過正確來說，他只是單純的寄人籬下而已。屋主不跟佐佐木先生收房租，但會要求他支付水電費用。但佐佐木先生畢竟是討厭花錢的人，所以他乾脆把汽車電瓶帶進家裡，作為各式電器的電源。

事實上，佐佐木先生是利用電瓶的職業高手。他專門拉著載滿電瓶的拖車，四處尋找街上有無廢棄家電可以收為己用，不然就是拿去回收處變賣。

所以對他而言，冰箱和洗衣機靠一個電池就夠了。

至於他平時的用水，都是從公園汲取。換句話說，他不只借住在別人的房子裡，家電也是用撿來的電瓶驅動，想用水則是從公園取得，水電費半毛錢都不需要他出。雖然這種生活很不方便，但對他來說很愉快。

「最讓我高興的就是不用浪費錢。」這就是佐佐木先生的生活哲學。

我認為，這種觀念能讓我們重新考量生活中所有事物的必要性。把房屋當成單純的大箱子就夠了，而生活中必須使用的能源就從基本的公共設施中取得。佐佐木先生的生活方式，不但不需要資金、不會對環境造成負擔、也不用再對電力公司百依百順，實行起來還很輕鬆愉快。更何況，這麼做能確實地存錢，就算有點不方便也沒什麼了。

這麼聰明的佐佐木先生，在淺草是有名的貴金屬回收業者。他現在不但能住在飯店，甚至還能定期前往合法風化區解決性需求。從某種角度來看，他的生活過得非常優渥。

在現代社會，能有他這種思維的人才會成為「有錢人」。明明是害怕沒錢可花才驅使他這麼做，結果反而賺了錢。

和大家不同的是，我看不出佐佐木先生這個不花成本就能賺進五十萬日圓的人，對目前的社會有任何的不安。

佐佐木先生說：「我不懂大家為何會這麼茫然？就算是必須露宿還是什麼的，去做些讓自己愉快的事，不就能改善生活了？」

單純的觀點

其實，覺得佐佐木先生那種生活方式很亂來的我們，才是最古怪的一群人。因為我們怎麼會覺得人類要生活（不管是用水、用火、吃飯）就非得花錢呢？我們不但不思考這樣是否合理，還像笨蛋一樣地乖乖花錢求生存。結果這種不良的生活方式，反而讓自己愈活愈不安心。

我在看到生活起居一切免費的生活方式時，心中思考著：「如果街坊鄰居們團結起來，讓回收利用生活圈內形成共識，不就能輕易地維持這種不用花錢的生活了嗎？」同時我也很好奇，這樣做有什麼困難嗎？

為了維持有錢可花的生活，更加努力地保住工作，在佐佐木先生的眼中，這種勉強自己的人才是「笨蛋」，因為這種人「沒有動腦思考」。

通常有人發表這類意見時，就會被批評：「你這種沒在工作的人，才不了解上班不能亂請假」、「辭掉工作只會讓生活變得更難過」，或是「不然你覺得怎麼做才能讓社會進步？那我們的經濟發展又該怎麼辦？」，又或是「那種露宿生活能夠成立，還不是因為多數人正常生活，使社會得以正常運作」等等。

但等到這些正常工作的人終於覺醒時，奴隸制度幾乎成了社會運作的普遍現象，人們仍舊不敢罷工。即使如此，大家依然不覺得這種表面正常、實則奇怪的生活充滿了弔詭的邏輯，所以也不會想到其他層面的生活方式。這就是目前大眾對生活感到麻木的現狀。

我認為社會陷入了一種狀況，就像是每個人都還清貸款後，會造成銀行倒閉一樣，我把這種現象稱為「負債思維」。這是指工作的動機是為了解決負債的這種思考模式。

那種古怪的邏輯，就像是你去申請三十五年的長期貸款，然後就以為自己會在負債壓力下專心工作。你工作的企業和銀行，在賺錢的當下，不但能順利營運，而且你還會歡呼：「萬歲！咱們的經濟得到發展囉。」但當我表達這樣的看法時，總會有人告訴我事情不像我講的這麼單純。可是當我再反問，那麼其中又有什麼複雜的機制在運作時，卻從來沒有人可以給我一個解釋。我想，其實大家也不知道自以為的複雜到底有多複雜。

我認為，對於自己不了解的事情，就該好好想清楚再提出答案，這是很簡單的道理。與其老是把事情想得太複雜，不如先學會習慣用單純的觀點看待事物，否則我們將難以應付各種複雜的社會現象。

思考產生新空間

經濟的問題我們留到後面再來探討，這裡還是先討論「層面」吧。

雖然每個人對淺草的看法都有所不同，但人們平時卻無法意識到這一點。在我發現和一般人過著截然不同生活的街友生活圈後，經過實地考察，我把這個發現稱之為「層面」。

不論是以前還是現在，人類一直都試著在這唯一的地球上開疆闢土，而這也是造成各種戰爭、對立的原因。日本這個國家的人，習慣透過賺錢來增加自己名下的土地。而各種增加自己所有物的行為，成了活絡社會經濟和生活的基礎。但是，街友們的觀點卻完全不同。

我身處的建築界也是如此。大家都在自己擁有的土地上建造一棟又一棟的建築物，以為用牆壁圍起來才是拓增生活空間的方法。但事實上，真是如此嗎？當然，我個人是持相反的意見。因為不管在自己的領土上建造多少個互相堆疊的建築，空間還是不會增加，我反倒認為那是在減少生活空間。

而街友們對空間的看法就不是如此了。由於他們大多無法用錢買地，因此不得不放棄擁有土地。不過，為此他們自己製造出了新層面的空間概念。有別於日本大眾習以為常的「封閉化」社會，他們可以製造出截然不同的生活層面。

當然，街友們不是魔術師，無法真的憑空變出空間，但他們可以善用思考。建築物無法爭取到空間，只要透過思考就能營造。

新層面的思維能將創意轉換為空間。讓我明白這點的就是鈴木先生房子的玄關。他只要把門關上，蓋上藍色帆布，將熱水加入容器中，就能變成用來泡澡的塑膠浴缸；如果把門打開，在門的內側掛上菜刀，就會變出做菜用的流理台。隨著站立處的不同，原本只是作為玄關的空間就能變化出各種用途。

換句話說，隨著使用動機的不同，可以切換到各種不同的層面，讓生活空間因此變多。這和「如何用牆壁圍住一個空間」的概念完全相反，因為這根本不需要使用牆壁，更何況人類本身就有不斷創造出肉眼看不見的使用空間的能力。

我所說的這種層面，並不是什麼嶄新的技術，而是人類自古以來就擁有的能力。

多摩川街友阿大的發現

接著我要介紹另一位街友，他是我的好朋友阿大。不過，要是你說阿大是遊民，他可是會生氣的。因為他沒有非法侵占土地，而且他是真的擁有一棟房子。

阿大原本就住在多摩川沿岸的河堤和道路之間。他一直很在意附近的某塊土地。因為那塊地長滿了雜草，而他又是做事一板一眼的人，所以看不慣那塊荒地。

本來他認為那是國有地，政府會派人來把上頭的雜草清理乾淨，然而，那裡卻一直都沒有被加以整頓。

後來阿大愈看愈覺得受不了，自己跑去那塊地除草。換句話說，他自動自發地為該處進行社區服務，同時還讓當地市容變得更加整潔。此時，原本只是住在橋下的街友阿大，開啟了他的新生活空間。那塊地變整潔了，阿大也經常特意維護，還會仔細清理上頭的雜草。

雖然阿大並不清楚那塊地是誰的，但對他來說，這塊自己主動維護整潔的土地，看起來就像是自己的朋友一般。開始這麼想後，他對這塊地的看法也有了變化。他漸漸發現，這塊地可能真的被人棄置了。如同看到被人遺棄的孤兒、棄貓一般，阿大也更細心地呵護那塊地。

阿大雖然懷疑這或許是塊無主地，但他其實沒想過要趁機占有；倒不如說，他的情感更接近收留並照顧棄貓。接著，阿大前往法務局調閱地籍資料，想知道該地是否有法定所有人，同時他也在當地不斷探聽消息。最後，他得出的結論是，該地確實沒有法定所有人。

經過持續調查後，阿大又得知此地的所有權爭議落在國家、大田區、附近的神社三者之間，然而一直以來，法院都無法判定該由哪一方取得所有權，因此這塊地就被這三方長期棄置了。結果，大家都想不到，阿大居然能在寸土寸金的日本，撿到一塊不屬於任何人的土地。

由於阿大的個性就是不忍心讓流浪貓自生自滅，因此他開始在那塊地生活，到目前為止，他已經在那兒住了八年。除了他以外，沒有其他人會來打理；他把那塊地當成自家的小孩一樣呵護，也沒有人對他的這個立場表示反對。

自從我看到阿大的那塊土地、得知日本還有這麼一塊無主地被棄置後，我也想要有樣學樣，開始在街上找「需要人保護的貓咪」。

我心想，既然要找，那就乾脆從全日本地價最高的地方找起好了。於是我直接前往銀座四丁目的三原橋，因為那個地段有塊土地我一直很在意。

三原橋十字路口的角落，各有一塊三角形土地，而且每塊看起來都很像是國有地。不過，上面也都有店家放的各種廣告看板。由此可見，那些地已經有人先用於私人營業目的了。雖說我先找出了這個不自然的地方，但接下來，我又發現了更不自然之處。

十字路口的一個角落，還有一塊沒有被任何人作為私用的地。換句話說，雖然其他幾塊地都被亂糟糟的廣告看板占滿了，但唯獨那塊地沒有放任何東西。於是，我開始調查那塊地的使用狀況，結果發現該地的所有權在國家和東京都政府之間搖擺不定，最後才會長期擱置在那兒。我到東京都建設局調查時，他們都不肯透露該地的狀況，直到我詢問三原橋地下商店街的三原居酒屋老闆後，才終於知道。

經過這番努力後，現在我也和阿大一樣，撿到一塊屬於自己的領土，而且那還是位於銀座四丁目的土地呢。

法律能整合多元層面

社會以「安定」為優先需求，來建造各種基礎建設；這雖然能讓每個人過上安穩的生活，不過也會讓大家「零思考」，也就是處於封閉化的層面之中。沒有「思考」，也就不會「質疑」。或許在某個層面，很多看待事物的觀點是正確的，但那也不過是各種正確觀點的其中之一罷了。而這也就是我想質疑的事情。

在我遇到那些有自己的獨特思維的街友後，我首先思考的問題就是：「人類沒錢真的無法生存嗎？」那麼，可以整合多層面的觀念、並且穩定大眾生活的又是什麼呢？其實，那種東西就是法律。

看到這裡，也許你會感到意外，因為法律乍看之下是最能代表現有社會的體制。但我認為，「封閉化的社會體制」並不等於法律本身。

為什麼呢？因為我們擅自把社會體制的層面視為封閉化，然而這種觀念其實沒有實體，畢竟街友們的生活也沒有因為違背這個封閉體制而受到影響。我甚至可以說，體制也只不過是一種幻想罷了。

但法律就不一樣了。因為法律將規定化為經過認可的文字，所以每個人都能夠了解其意涵。土地和建築物也是一樣。這些實際存在的事物和社會體制，其實是完全不同的，而這些較為具體的存在也無法再化為層面當中的概念。

例如全世界只有一個淺草，而一旦將人類的意識投入於對淺草的認知當中，就會在各自的認知下產生不同的淺草。因此我有我認為的淺草，而鈴木也有鈴木認為的淺草，佐佐木也有佐佐木認為的淺草。

法律條文雖然無法讓事物本身產生變化，但是隨著解讀者的認知不同，就會產生不一樣的判決。所以我認為司法可以讓各個層面的生活互相配合，而且我認為我們的行政體制原本也存有這樣的目的。

舉以下的法律為例，既然我們的問題是「沒錢就不能生存嗎」，那我們就更該參考關於生存權的記載。

《日本國憲法》第二十五條規定：「所有國民均享有最低限度的健康且具有文化意義之生活權利。」

由此可見，我們的憲法也表示沒錢的人也有生存權利。

但是，沒錢還是沒辦法租房子。也因此，我們就會認為沒錢租房子等於沒地方住。不過，這個想法真的沒錯嗎？我個人認為，有土地就有地方能住。但假使我們沒有私人土地，又要住在哪裡呢？答案就是住在國有地，因為那是屬於全體國民的土地，住在那裡就沒問題了。

所以，許多人前往屬於國有地的一級河川。因為那裡除了部分私人土地之外，其他的都算國有地。於是，大家在那裡搭建小房子居住。

但是，河川沿岸的土地受到名為《河川法》的法律管制。

《河川法》第二十六條規定：「於河川區域內的土地新建、改建及拆除建築物者，必須取得河川管理者的許可。」

換句話說，如果沒有得到許可，那些人就會挨罰。不過，因為法律效力的關係，《憲法》高於《河川法》，所以《河川法》的規定也很有可能不適用於這個例子。因此，一些在河邊搭起零元住家的人，才會直到現在都沒被強制驅離。

擅自種在國有地的枇杷樹該算是誰的？

有趣的是，行政機關也知道法律在解讀上有其多元性，所以自知不能強制驅離人們，因為這麼做會違背《憲法》中的生存權。

在這裡舉個具體的例子吧。有一位船越先生，號稱「多摩川的魯賓遜」，他住在多摩川六鄉的河堤附近，還在自己的房子前種了一棵枇杷樹。這棵樹旁立了一塊很有趣的告示牌，上頭寫著：「此枇杷樹為私人財產，請勿任意摘取果實。如未經許可擅自摘取，將以竊盜罪移送法辦。」

一般人在家門前為自己的枇杷樹立下告示很合理，但船越先生是所謂的街友，他不但住在屬於國有地的多摩川旁，還擅自在此種了枇杷樹，然後居然還對外宣示主權，不准他人隨便摘他家門前的枇杷。這種不可理喻的行為，實在讓我忍不住想抗議：「別隨便把國有地當成自己的私人財產啦！」

於是，我跑去問他：「船越先生，你住在這裡難道沒有違法嗎？」

他答道：「當然違法啦。都已經違反《河川法》了，一定會被罰的。」

「所以有人偷摘你的枇杷，你也沒資格說別人犯法吧？」

「說什麼蠢話，那是兩碼子事。就算我站在國有地上，還是有權控告他人偷取我的私人財物。就算我違反《河川法》，但我種的枇杷樹還是我的，不管這邊是不是國有地，我種的東西就是屬於我的私人財物，有人偷摘我當然可以告他竊盜。」

後來，我打電話給社區自治團體設立的免費法律顧問，想問問律師，船越先生的主張是否正確。結果，律師也說船越先生的主張在法律上是合理的。

船越先生甚至還說：「基本上我主張的就是憲法的生存權，用《河川法》告我是告不成的，所以我才有辦法在這裡住上二十年。再說，土地就該算是誰的東西嗎？我認為土地才不該屬於任何人。比起這個，大家更應該分享土地，讓每個人都有地方可以住才是對的。其實行政機關也明白這一點，所以才沒把我強制驅離。」

法律這種東西真的很值得深思，而船越先生也熟知法律的特性，要說這是他的生存方式也不為過。「擁有」的概念本身就存在著無數的層面。

層面這種概念，在結構上就像是大箱子裝小箱子般層層套入，只要能善加利用這一點，就有辦法跳脫封閉化的體制。

至於支撐層面概念的，就是法律、土地、都市這類具體的事物。問題在於我們到底想要生活在什麼樣的層面中。看到街友們的生活後，我從中感受到新生活的發展性。

因此我才會想要告訴大家，別再想著要改變社會體制、法律、土地所有權和都市計畫了。因為試著改變的行動本身，正代表你已經被封閉化的層面給禁錮了。我們要做的是認識既存事物的各種層面，並且讓多元性的思維得以擴展。

我們不是要改變什麼，而是要擴大生活層面，這就是「層面革命」。

2 為房屋裝上車輪的移動式住家

我們從未真正思考過

早在二〇一一年三月十一日東日本大地震前，街友們就已經比我們更早嚐盡社會上的各種辛酸。他們失去工作，沒錢可用，也沒有地方可以住，更沒有人幫助他們。因此，他們為了求生，必須嘗試各種事物。

是故在經歷震災後，這群擅於在街頭求生的街友，足以擔任我們的前輩或師父。

從街友和露宿者、以及自殺者多不勝數的狀況來看，我們可以發現，早在東日本大地震之前，日本社會就已經瀕臨絕望。只不過人們都是不見棺材不掉淚，情況還沒到十分嚴重之前，大家都不覺得自己有天也會陷入絕望。

我曾向大家宣導：「街友是活生生的街頭求生範本，他們可以幫我們度過這個時代的難關。」然而大多數人都不以為意。只能說人類的習性就是如此，自認和街友們相比算是衣食無虞，所以自己才該施捨他們、嘉惠他們。但我覺得這種高高在上的想法是錯的，因為我們早就已經生存在一個充滿絕望的社會、在這樣的政府治理之下。

雖然我們老是批評政治和社會環境，但其實我們並不覺得那些議題會真正影響到自己的生死，也從不要求自己積極做出改變。但街友們就不一樣了，不但沒錢、沒地方住，甚至還有可能因此陷入生死存亡的危機中。對他們而言，抱怨政治、行政等議題，政府機關就真的會雪中送炭嗎？

雖然問題的答案很可悲，但政府機關當然不可能為他們做什麼，因為負責政治和行政的政府不是專門救助街友的機構。我們要把這個殘酷的現實攤開來說，是因為我們的社會體制已經封閉化，在每個人自掃門前雪的習性下，我們無法期待他人願意給予人溺己溺的關懷。想要保住彼此的生命，共存共榮，在互動時就該以「感情」作為前提。

由於人沒那麼容易死，所以大家對於社會議題老是抱怨過了就忘記，這種心態就叫得過且過。但是，街友們無論如何都要自己想辦法生存下去，因此會自動自發地開始思考生存之道。當我看到他們的那種「思考」時，就會發現我們「根本從來沒思考過」。因為我們置身於封閉化的生存體系裡，所以我們沒有思考的必要。

那麼，我們要「思考」什麼呢？

答案就是：要探討「如何生存在世上」、反省「生存是什麼」，掌握外界環境的狀態，並研究其中和生存相關的問題。遺憾的是，封閉化的體制將這種思考行為刪除了。我們誤以為自己不用思考生存問題，但其實是封閉化把我們的思考機能刪除了。

反觀街友們，他們用單純的心態在思考「生存是什麼」，也許現在有些人稱這類問題為「哲學」，但街友們因為沒有活在封閉且安定的社會體制中，除了動腦思考「生存是什麼」的抽象問題之外，他們還會運用野性來思考「如何才能生存下去」。

鈴木先生的哲學

這裡就再來介紹一下街友經歷十二年、目前仍住在隅田川的鈴木先生吧。

對他而言，「生存」就是「能吃飽，和有趣的朋友一起生活，每天有酒可以喝，想唱歌時就唱歌」。這樣的他從零開始構築了自己的「生存之道」。雖然不能從零開始構築社會體制，但是自己的「生存方式」倒是可以從零開始。

鈴木先生首先找尋能住的地方。人類要生活，就必須要有能安身的地方，比起擁有一個有屋簷的房子，「場所」才是我們率先要取得的要素。

於是，鈴木先生找到淺草的言問橋，因為住在橋下就像有屋簷一樣，可以擋雨；天氣冷時只要用紙箱做成牆壁，就可以住。但是，橋下的那塊地屬於隅田公園。換言之，他找到的這塊地等於是台東區的土地，管轄該區的警察會過來取締他。警察說，只要鈴木先生一直待在這裡，就一定會過來驅趕他。他們建議鈴木先生，如果不想把事情鬧得太難看，最好能自動離開。結果，鈴木先生突然就失去了棲身之所。

想「生存」就必須要有可居住的「場所」，但法律對於「場所」的定義卻有很多規範。由於公園這塊地是屬於區公所的，當地警察自然也會在這裡值勤。不過，警察也建議鈴木先生：「你去河邊看看，那邊就不是區公所的地了，所以我們警察不會沒事就過去那裡。」

雖然兩處看起來是同一片土地，但公園跟河邊之間卻有一條界線加以分隔。此外，管理這兩處土地的負責人也不同。河邊的土地是由東京都管理，因此台東區的警察不會跑到那裡驅趕鈴木先生。

理解了這一點的鈴木先生，在知道怎麼辨別土地的分類後，終於可以自然而然地在隅田川的人行道旁蓋起自己的房子。

至於其中有什麼「哲學」，我認為就在於鈴木先生能理解隅田公園跟河邊是兩塊不同的轄區，因此警察和行政機關會採取不同的取締動作，只要善加利用這點，就可以為自己爭取到居住的場所。他以新的方式看待這塊封閉化的大地，換言之，他能在兩個相異的層面中跳脫自如，並成功達成生存的目的。

他的這種行為就是「思考」。理解存在於封閉化體制中的漏洞，並且正視空間的開口，然後藉此發現多元化層面的世界，發現後再跳脫到另一個層面，最終創造出屬於自己的層面。

這一系列的動作就是「生存」。

「以具體且清晰的方式接觸我們生活的空間，並且讓生命得以延續。」這種生活中必備的技術，街友們早就親身實踐了。

和「感情」邂逅

鈴木先生在獨有的層面中找到安全的「場所」後，接著就要試著建造出「房屋」。房屋在既有的封閉化體制中，一直被視為必須花錢購買才能擁有的商品，可是鈴木先生沒錢買房，因此他開始在街上尋覓適合的建材。

此時，「沒錢可用」就成了鈴木先生的動力。走在街上，他張大眼睛，不放過街上任何可用物資；而我們原以為該丟掉的「垃圾」，都成了他的採集目標。後來，他透過實踐，了解到其實只要用垃圾就能蓋出一間房子，而且在現代，只用這些剩餘物資蓋的房子，不用花上半毛錢。

例如隅田川舉行的煙火大會，很多觀光客會在河邊亂丟垃圾，鈴木先生可以因此撿到許多建材，像是比較大的帆布等等。他一方面很討厭那些人沒有公德心，但同時也高興自己能因此得到材料。於是，他就懷著這種矛盾的「感情」持續採集建材。

在封閉化的層面裡，物品被視為「商品」，要以等價的貨幣才能交易。這種行為沒有感情，但人類卻在無意間習慣了這樣的行為。在這個層面的規矩裡，人類的感情沒有任何可以互相發散的空隙，但如果你能跳脫出封閉化，發現世界上的多元層面，你就可以與「感情」邂逅。

遊走在不同的層面時，人類的「直覺」會是一個很有效的工具。「情感」、「直覺」這些無法用語言表達的感覺，會讓你變成更有活力的人。你會具體地思考「什麼是生存」，而這種行為將會讓你天生的野性思考變得更立體，讓你開始躍躍欲試。即使身處在都會之中，你也有辦法過野生的生活，因為那是人類與生俱來的天性。

鈴木先生在個人獨有的層面中找到居住「場所」，並且在剩餘物品的層面裡發現

「建材」，最後搭建出自己的「房屋」。這一連串動作就跟動物築巢一樣，是在都市的「自然」層面中完成的，而且完全不需要施工費和購置地產的費用。這是一幢搭建在東京淺草、富有在地色彩的自然建築。

鈴木先生拾取的不只是單純的商品，而是帶有「感情」的自然物品，這些自然的資源影響了他的態度。他後來常常收集垃圾，但不是為了他自己，而是為了要幫他認識的人蓋房子。

在這個過程中，他不認為自己有什麼損失，反而希望有更多人能知道回收垃圾並且善加利用的好處。而因此產生的連結就是鈴木先生的人際關係拓展了。

鈴木先生和朋友們在不知不覺間，形成一個廣大的交流社群，甚至還成為隅田川的中心人物。在那裡，大家收集垃圾並且彼此分享，不用付一毛錢。鈴木先生甚至還撿到卡拉ＯＫ伴唱機。還有一些上班族和中國留學生也加入了這個交流社群。總之，那是一個樂於分享且充滿生存技術的地方。

抱怨也無濟於事

後來，鈴木先生從零開始，創造出了自己使用的電力系統。一個沒有一一〇伏特插座的地方該怎麼生出電力呢？鈴木先生每天看著丟在加油站裡的廢電瓶，又去圖書館參考有關發電的書，結果他想出了一種能將十二伏特的汽車電瓶轉換為一一〇伏特電力的方法。從此以後，他再也不需要花錢購買電力公司提供的電。此時，他創造出了屬於自己的基礎建設。

我看著他的行動，突然覺得，抱怨政治、行政，我們的政府也不可能因此懂得反省，因為那些政府機關相當地輕視生命。只要看過他們處理街友議題的方式，你就知道我為什麼會這麼說。他們在根本上已經無視《憲法》，就像是一台已經壞到不能再壞的破爛機器，你對這台亂七八糟的機器抱怨是沒有意義的。

我看著鈴木先生的「生存之道」，一邊心想，雖然我們不能像他一樣，從零開始打造出體制，但也許還是有辦法從零開始打造出獨創的「政治行動」。鈴木先生爭取到自己房屋的行為，就是不折不扣的政治行動，而這同時也是一種哲學。我認為，鈴木先生的這些行動才叫作「生存」。

就是因為我們拒絕思考，所以才會放任政治、行政失控。如今，就算我們終於發現到這個事實，卻也已經沒辦法阻止它們踐踏生命的價值了。既然如此，我們乾脆學學街友的思維，用自己的思考，從零開始創造新的生活層面。

在我這麼想的同時，我開始動手嘗試以下將要介紹的移動式住家。這就是我從那些街友前輩們現學現賣、一種獨創思想的具體實例。

移動式住家

我對現存必須支付房租的居住環境、以及總會和基礎建設產生連結的社會體制進行了思考，然後開始想找一個異於這種環境的「場所」，來重啟大眾對於「家」的看法。

到目前為止，我的工作只是調查街友的生態，不過這次我要向前跨出一步了，為的就是讓社會的視野變得更廣大。

「為何人類要生存就一定要付房租？」這是我對居住所提出的質疑。然而，大家聽了我這個問題，都覺得花錢生存是毋庸置疑的事。每個人都認為付房租、花錢買房子是理所當然的。

但是，明明就有許多街友住在河邊，不用花錢買地就能蓋出免費的房屋，這就是明擺著的事實，但我們卻依然對花錢付房租的生活模式深信不疑，這個現象最值得質疑。

我不反對付錢取得居住場所，但目前的居住體制已經威脅到我們的生存權了。換句話說，我覺得這種制度已經違法了。讓所有人都有地方住，不正是我們國家該負的責任嗎？

即使如此，現在才來抱怨也無濟於事。想要生存，我們只能以具體的行動來解決問題。

因此，我們首先就要改變原本那種繳房租成習慣的觀念，並且試著效法鈴木先生。

鈴木先生的家沒有牢牢固定在土地上，因此在法律上不能算是「住家」，但在感情上，鈴木先生當然把它當成「家」。而我打算就此觀點做個延伸，進而建造出新型態的房屋。

鈴木先生的家是一間「不是房屋的房屋」。簡單地說，他的屋子沒有固定在土地上，而且會移動。只要看一下日本的《建築基準法》，就會發現鈴木先生的家不能算是「房屋」，所以除了沒有執照也能蓋的優點外，也不需要繳稅，不被法律框架束縛。

因此，我也為自己的房子裝了四個手拉車車輪。光是這樣做，就可以讓移動式住家在法律上不被視為建築物，而是被視為車子。而且施工費只要三萬日圓，還不必繳固定資產稅。這個房屋有三疊榻榻米大（約一點五坪），可以用太陽能發電板幫 iPad 和 iPhone 充電。這麼一來，依靠私人用電源的住宅就簡單地完成了。

接下來要解決的問題，就是放置移動式住家的「場所」。在前文中，我們從鈴木先生的故事裡了解，日本所有的土地都已經被分類了。在日本，想建造住宅，就要把房屋蓋在住宅用地上，因此得想辦法花大錢取得建地。而我要做的，就是將可建造房屋的場所擴大解讀。

移動式住家在法律上是「車子」，所以不管是農地也好、停車場也罷，只要是能停車的地方，就可以安放移動式住家，尤其東京又有很多停車場。所以接著我要找的是一個願意讓我放房屋的地主。在我問到第三個地主後，對方終於爽快地允諾了。「我只是在停車場放一個很像房屋的『車子』而已，根本沒有違法。」只要地主能認同這點就沒問題了。

不過，他還是問了我一個問題：「你不會住在裡面吧？」

我立刻回答：「對啊，我不會住進去。」

我其實是打算要住進去的，只是不這麼說可能就租不到車位了。但說謊畢竟是不好的，我心裡多少有點罪惡感。

但是，我又想到，「居住」的定義又是什麼？我想從法律觀點來解答這個問題，但結果我又發現了讓我吃驚的事。我們的國家竟然沒有法律規定什麼才算是「居住」。

在裡面接自來水就算嗎？在裡面睡覺就算嗎？在裡面吃飯就算嗎？

事實上，我們根本就沒有規定怎樣才算「居住」。在法律上，擁有「房屋」就要繳稅給國家，然而法律中沒有任何關於「居住」的規定。簡單地說，國民在居住這方面，可

停在東京吉祥寺某座停車場的第一代移動式住家。要叫披薩外送也沒問題。

以按照自己的想法來發揮。

如此說來，日本這個國家或許比印象中的還要棒，因為它擁有居住自由，所以我愛怎麼住就可以怎麼住。

便宜、簡單、好改建

我首次蓋好的移動式住家，只花了兩萬六千日圓。造型可以隨喜好設計，反正能在下面裝車輪就可以了。移動式住家是一種很小的建築物，不管是誰都可以自己設計。

身處現代的我們，無法馬上迫使貨幣經濟停擺，即便是街友，也無法完全脫離貨幣經濟的掌握。雖然也有一些高手可以完全不依賴貨幣，但就現實層面看來，這麼做太不切實際了。不過，我們還是能減少自己對貨幣過度的依賴，而移動式住家就是為了減少貨幣依賴所發展出的技術。

WINDOW HOUSE

MOBILE GLASS HOUSE

4D GARDEN HOUSE

再說，只要兩萬六千日圓就能擁有一間房子，這樣還會有人為了買房而拚命工作嗎？更何況，在熊本市民農園租十五平方公尺，年租金只要五千日圓，那麼月租就只要四百日圓！當然，這麼一來勞動的意義也會出現變化（三一一震災後，我花了五萬日圓，用兩噸重的卡車，把我的移動式住家從東京運到熊本）。

二〇一二年三月，為了在神奈川藝術劇場進行展示，我一次蓋了三間移動式住家。那三間移動式住家構造很簡單，設計上只花了我三小時。

和第一間移動式住家不同，這三間在設計上比較講究。「MOBILE GLASS HOUSE」很像知名建築師菲力普・強生（Philip Johnson）所設計的玻璃屋，「4D GARDEN HOUSE」則是我參考東京某位業餘園藝師的創意所打造出的房屋，還有擁有兩層樓構造的「WINDOW HOUSE」。這三間有趣的房屋其實都很容易建造，不需要用尺規設計，只要隨手畫出心裡想到的線條就夠了。

我不是建築領域的專家，只是區區一個沒牌照又自稱建築師的人。但即使如此，移動式住家的特點就是不需要執照，誰都能親手打造，而且造價還很便宜呢。這三間移動式住家雖然多花了點心力做出來，但每棟也只花費七、八萬日圓。

要是你看了移動式住家，再去看那些標價千萬日圓的房屋，你一定也會發現一件奇怪的事情：那就是，原來其實只要有三十萬日圓，大家就都能擁有夠大而且夠用的房屋了。

我認為房屋就應該符合「便宜、簡單、好改建」三大要素，畢竟房屋是我們生存的重要夥伴。

3 二〇一一年三月十一日

跌入谷底時

在建造移動式住家後，我開始覺得，從零創造新生活沒有想像中那麼難。雖然我們的大腦裡平時有很多創意，但真正勇於嘗試的人卻是少之又少。

其實，在一九六〇年代就出現過類似移動式住家的創意。如果要繼續探討下去的話，鎌倉時期的詩人鴨長明就已經建造過可以移動的方丈庵，而他那時就發現大家總是為了擁有昂貴的房屋而強迫自己工作。我認為房屋不是只能用錢買的商品，自己親手蓋房子會更有效率，同時也能親自體驗房子是否堅固。

我想說的是，很多人沒有嘗試的勇氣，遇到難題只是想想就算了。但我跨出一步，試著動手做做看後，發現原以為要花幾千萬日圓才能買到的房子，竟然只要三萬日圓就有了。還有，我也以為做好移動式住家後，可能沒有土地放置，然而我不但發現日本還有很多空地，而且即使是在東京，也有許多空地被當成停車場使用。其實，不少地主認為，比起沒人利用他們的停車場，更希望有人能善用他們所提供的土地。所以即便地主看到我的移動式住家後，會先懷疑我租車位就是要長期住在那裡，但只要跟他說明那是手工打造的露營車，他還是願意把地租給我。

那麼，為何人總是不敢輕易嘗試呢？這個問題反而湧上我的心頭。同時我也深深地理解到，我曾遇過的街友們，他們都擁有不管發生任何事，自己都不會餓死的信心。人愈是去嘗試，就愈能學習到更多智慧，恐懼也會因此減少，進而覺得自己不管糟遇多艱困的狀況，都能生存下去。

因為只要曾經嘗試過，就會理解。

要試著估算自己的生活必須使用多少東西；不要終日惶惶不安，要將內心的恐懼化作實際的問題並加以解決。還有，要思考所謂的「生存」究竟是什麼？

既然我們有辦法從零開始創造事物，而且社會體制也允許你自行規畫，那就更該放膽去嘗試。可惜的是，活在現代社會中的人們誤以為靠自己無法成就任何事、覺得自己沒有錢就活不下去。

然而，那些露宿街頭的前輩們實踐了求生的方式。他們在金錢概念上和我們正好相反，即使不花錢也擁有土地、家和田園。雖然他們沒有保險，也沒有積蓄，不過他們不僅活得沒有一點不安，而且還創造了一個互助的生態系。

我認為我們應該學習街友們的智慧，並在社會上一點一點地加以實踐。如果有人對他們的這種生活有意見，他們就會從中學到如何拿捏社會的容忍程度。還有，他們也找到了就算沒錢也能開心過活的方法。看了他們的表現，為何我們還會覺得自己什麼都辦不到呢？像我所建造出的移動式住家，不也是輕易地就被大家接受了嗎？

只要你能鼓起勇氣，揭開日常生活的面紗，你會發現，原來還有更多有趣的事物值得人們學習。我從鈴木先生身上學到，即使陷入絕望，還是能發現生活中有許多值得探索的事物。不管你如何哭泣、後悔、絕望，甚至覺得活不下去，你還是可以嘗試學習，因為那將會令你步入充滿笑容的世界。作家養老孟司曾引用過某國的一句諺語：「跌入谷底時，就繼續往下挖吧！」

東日本大地震

自從我開始建造移動式住家後，愈來愈覺得這是很有趣的事業，所以開始想蓋出更多小房屋，並且在上面都裝上太陽能發電板。正當我這麼盤算的時候，朋友跟我說，他要去山口縣的上關核電廠抗議，因為中國電力公司要強行在當地興建核電廠。後來，我也跟著他前往現場。

那是二〇一一年二月下旬所發生的事。

當時我看到，搞不清楚狀況的保全們被從廣島縣帶到現場，他們負責在核電廠預定地的對面阻擋祝島的抗議民眾，一邊阻止怒吼的老弱婦孺，一邊流著眼淚。

這個光景我愈看愈覺得古怪。姑且不論核電廠的存廢問題，眼前的這副景象表示勞工體制可能有哪裡出了問題。因此我一回到東京，就馬上參與關於核電廠的節目錄影，而該節目也將影片上傳到網路。到這裡已經是三月三日的事了。

節目的來賓是環境能源政策研究所的飯田哲也先生，還有紀錄片導演鎌仲瞳女士，同時也訪問了在東京電力公司上班的朋友。

問到日本現有的核電廠哪一座最危險時，飯田先生回答：「福島縣雙葉町的某座核電廠非常危險，因為那邊除了地震頻傳之外，還有引發海嘯的危機。要是真的發生大地震，核電廠就會整個被破壞掉。」

錄完影後，大家一起去聚餐。那時，鎌仲瞳告訴我，放射性碘和銫存於人體時，所累積的內照射傷害有多恐怖。後來，我也看了她拍的電影《被曝者》，愈來愈覺得核電廠是個非常嚴重的隱憂。

然後過了幾天，三月十一日，發生了東日本大地震。隔天十二日時，位於雙葉町的福島第一核電廠一號機發生氫氣爆炸，其中還有大量放射性物質被噴發到空氣中。

當我得知這則消息時，我還以為我在作夢。

第二章　私人與公共之間

Chapter 2

1 土地是誰的東西？

只要思考就會覺得不合理

在這邊我想先打開天窗說亮話：其實我們都是一群瘋子。

我是在看到遠離瘋狂世界的街友們打造出回收再利用的世界後，才開始知道自己是個瘋子。但是，那些街友反而被這個瘋狂的世界當成犯罪者。在我用他們的觀點看待這個世界後，反而發現更多好笑的事情。現在的我會思考，什麼才算是違法呢？

我會用很簡單的想法去思考那些問題：像是為何我們沒錢就會沒地方住？這點只要稍微想一下，就會發現有哪裡很奇怪。反觀其他動物，不用錢就能生存。再說，人類不就是動物嗎？只是很多人聽到這裡，又會反駁說，人類又不能視同其他動物，人要是真的像動物，只會讓社會變得更亂。但是，這個說法真的是正確的嗎？

若是如此，為何動物們沒有把自己的世界搞得亂七八糟呢？為何牠們不會自相殘殺呢？我一直無法了解人類和動物有何不同。

還有，真的有人打從心裡想要擁地自重嗎？就我的觀察，很多人其實是因為不想只把錢線給房東，才會決定花錢買房子；然而卻沒人反過來質疑付房租這件事到底合不合法。就像前文中的部分案例一樣，只要冷靜想想就會覺得，土地本來就不該屬於任何人……我平時就會像個小孩般，用單純的觀點來思考這些問題。

當然，以使用者付費的觀念支付土地的租金也是可以，但這筆使用費還是不該付給任何人，如果沒有拿來花費公共用途，那還不如不要支付使用費。只要用單純的觀點思考，就會發現任何人都能擁地自重的觀念很奇怪，但我們的社會卻覺得這再正常不過。我認為這根本就很瘋狂。

還有，我們繳的房租又在貴些什麼？為什麼住在東京的上班族每天拚命工作，月薪只有十八萬日圓，但套房房租卻要八萬？不管是誰，都會覺得這種現象很怪，可是大家都一聲也不吭，然後乖乖地繳房租。

雖然很多人覺得這樣很奇怪，但要是漠視這個現象一陣子，大家就會麻木地用「租屋、繳房租本來就很合理啊」為由模糊焦點。就是因為這樣，我才會覺得常識這種東西很可怕，因為這會讓我們無法用單純的觀點去探討事物。

我建議大家，最好以單純的觀點思考社會上的現象。常識這玩意不過是要你乖乖聽話的咒語，我們最需要的就是從這個咒語中解放，而唯有「思考」才能擺脫常識的束縛。

提出根本性的問題

為何我們可以獨占本不該屬於任何人的土地呢？雖然有些人會如此回應：「因為法律就是這樣規定的。」但這種觀念本身就是大問題。

當然，如果有人說「你宣導的那些觀點也沒辦法改變任何事」，我也不會意外，因為我從二〇〇一年就開始常宣揚這類想法。即使已過了十年，還是會有人說：「這人又在想一些蠢事了。」不過，現在至少有一部分人也開始察覺這個社會很奇怪了，所以我想再試著繼續提出自己的觀點。

說起來，司馬遼太郎晚年也在《土地與日本人》一書中提倡土地公有化的觀念，可惜他沒有提出任何具體改善方法，只是訴諸感情地宣洩自己的感受。亨利・喬治（Henry George）也在《進步與貧窮》中提倡土地國有化，而我對他的想法深感贊同。不過，我想做的和提倡土地公有化有些不同。

我最想宣導的是：「人類不能將土地納為己有。」這就是我一直想要探討的根本性問題。

從古至今，所有的戰爭和革命，大多是因為土地糾紛所引起的。想要消除戰爭，我們就該思考將土地納為私有有何問題。

當然，我也不想發動戰爭，因為那是很沒意義的事。我認為戰爭只是拒絕思考的理由，不是能有效解決問題的手段。戰爭是種乾脆靠吵架來決定對錯、解決問題的行為。不過，在大喊反戰口號之前，我還是有想要先做好的事，而那就是仔細思考土地私有化的問題。

因為思考這個問題的同時，可以深入探討「什麼是生存」。我們要解決的不是土地該歸公有還是私有，目前我們最該想清楚的，是如何和自己身邊的事物相處，如此一來，才能發現其中許許多多關於如何延續生存的提示。

重視「感官上無法接受」的感覺

其實，我會對土地問題感興趣，主要是因為我大學時曾到工地實習。當時我在東京的東中野建設公司當學徒，也見識過蓋房子的所有流程，所以從打地基到全部的工程細節，我都略知一二。

我第一次進工地時，看到工人們將植物連根拔起，在地上挖出一個大洞，然後再進行灌漿工程。然而我在感官上無法接受這種過程。只要單純的思考一下，就會想問大家，為何能若無其事地做這種事？

由於我愈看愈覺得不安，於是便開口問工頭：「工頭大哥！你們不覺得這樣做很怪嗎？像以前不都是疊好石頭就在上面蓋房子嗎？那為什麼現在要先挖這麼深的洞，然後再灌混凝土進去？」

工頭毫不遲疑的回答：「你說的也對啊，這麼做真的很怪。」

我就是這樣，通常不會先用頭腦思考，反而是先以「感官上是否能接受」來做判斷。這種感官上的標準，後來也常常引導我的思考。雖然平時我們會將這種感覺排除在外，但我認為感官上的標準才是最重要的關鍵。

「感官上是否能接受」，跟學校、公司偏重的「以常識為主」是兩種不同的層面。但「感官」打從以前開始，就一直是我們人類最直接的感受。

我覺得，身體感覺不滿時，「思考」才會接著跟進。對我來說，可以用常理解釋的事物，但感官上卻無法接受，就代表我該更深入思考其中的合理性。

從那次以後，去工地現場實習時，我都放著該學習的施工技術不管，三不五時就提出問題請工頭回答。

例如問他為什麼會發展出某種技術？還有這麼做難道不奇怪嗎？

工頭每次都會回答：「我也知道這很怪啊。」但他們也不能真的對此有意見，因為在現代，如果沒有取得建築師執照就不能建造建築物，因此工頭沒辦法過問建築師規畫好的施工方式。此外，沒有地基的建築物即使可行，但在現行的法律下也不符合施工規範。

而我認為最大的問題在於不用挖大洞，也能蓋出一棟房屋……。

工頭也感覺到了這當中的某種不合理，但身處於封閉化社會中，他也只能被現代的建築體制所禁錮。不過，他也感覺到有些現象很怪異。這對我來說是個希望，因為他的感受證明我在感官上無法接受、以至於覺得奇怪的直覺是正確的。

我們千萬不可以輕易接受感官上感到排斥的事物，而是要靠自己仔細推敲、質疑其中的合理性。要是強行消化那些看似合理實則古怪的事物，那麼最後就會毀掉自己的人生。

沒有地基的法隆寺

由於我看不慣那些建築工法，所以大學三年級時，我放棄了到工地現場蓋建築物的人生規畫。在遇到無法接受的事時，我會慢慢地讓自己冷靜下來，不生氣、不感情用事，先試著仔細思考問題。

我會這樣反應，是因為我身邊有許多人在面對怪事時，會用「理論性」的觀點解決問題。但是，我無法接受他們的做法，因為在我看來，「咦？你們根本只是在自圓其說嘛。」

「就算你無法接受，還是要先把正事辦好。」大人們老是會這樣說，但我偏偏就是不能接受這種說詞。既然我在感官上無法肯定那些事物，那我寧可靠自己找到其他的出路。所以我放棄學習建築設計，也不去找工作，這麼做起碼能讓我的感官保持舒坦，身心也會愉快許多。由於我會彈吉他，所以我曾在街頭自彈自唱，每天都能賺到一萬日圓。我的生活開銷沒有問題，因此我也了解到這一生至少不會餓死。

所以我決定不管活到幾歲，都要反抗感官上無法接受的事物。

福島第一核電廠爆炸後也一樣。當輻射塵從天而降時，我的感官感到強烈的不快。我不知道該如何是好，但我還是決定順從自己的感官，先想辦法逃到不會讓自己感到不快的地方，至於以後的規畫再慢慢研究。

依從感官所扣下的扳機，然後開始思考，往往會發現有些事情隱藏在不快感當中。厚著臉皮形容，那叫作使命感，我認為那就是我必須投身的事業。而就現在來說，就是再三思考有關「土地」方面的問題。

位於奈良的法隆寺是古代的建築物，所以當然沒有混凝土地基。然而現代建築卻認為沒有地基就不能建造，我認為這個想法很奇怪。而且工頭其實也知道不打地基也能蓋房子，那為何大家還要保留這種沒有效率的步驟呢？我盯著混凝土地基思考，接著突然察覺到一件事。

「對喔！這樣施工就能讓房屋不能移動了！」

也許你會覺得現代所有建築都要打地基是很正常的程序，但我覺得奇怪的地方在於「不動產」這個詞。

愈是看著「不動產」這個詞(由法語的「Immobiliers」直譯而來)本身，我就愈感到奇怪。明明腳下的是你的土地，你的房子還要付三十五年的房貸，但為什麼看起來好像是你被不動產牢牢地綁住了。

當你開始想這些事時，往往會有所謂「常識上、理論上」的觀念妨礙你的判斷。它們會告訴你：「不這樣做，你會活不下去。」然後你就變得不敢嘗試任何東西。

但大家卻管這種思考模式叫「有理性」、「拚經濟」。

我曾問過一個背著三十五年房貸的人，問他為何認為自己的公司能在這最嚴重的經濟黑暗期中挺住，還問他有什麼理論上的根據?結果對方答不出來。

然後我又問他，如果目前的狀況一直持續下去，到了二〇四〇年，全國的空屋率就會到達百分之四十三。要是你知道未來真的會變成這樣，那現在你還會為了買房子而申請房貸嗎?這次他生氣的說：「我才不管這些。」

所以，後來我就不再用這麼直接的方式來表達意見了，因為說了大概都得不到善意的回應。這類人往往會跟你說：不要妨礙別人的生涯規畫。結果，這種不理性的行為反而是社會上的主流思想。

不過，我們還是不能輕言放棄。愈是面對怪異的社會現象，就愈該把合理的觀點說清楚。

那麼，我們又要如何勇於發聲呢？有什麼具體的做法嗎？

我想，告訴大家這個問題的答案，就是我的使命了。

擁有不動產值得高興嗎？

這裡說回原本的話題。明治二十九年，日本訂定了《民法》，雖然內容抄襲歐洲的法律（而且還是參考階級歧視意味濃厚的羅馬法），但裡頭卻有一個首次出現在日本的詞——不動產。

如前文所述，我「思考」這個詞，而且是緩慢仔細地推敲。

如果我成為國王，在我的國家有人想把建築物固定在土地上，那麼我一定會阻止他們，因為那樣一來房屋一定會變成垃圾。用混凝土固定住，也就無法改建，在各方面都會很麻煩。而且把房屋蓋得太大，反而徒增煩惱。如果我是國王，一定會禁止不動產的觀念橫行。

然而我們的國家只有所謂的不動產，幾乎沒有與其相反的「可動產」。難道是我這個國王的想法太奇怪了嗎？

不然，你也假設自己是國王吧。稍微思考一下，如果換成是你又會怎麼做。我想你也會覺得這種現象很奇怪吧？為什麼這種容易變成垃圾的東西，不但要人花大錢購買，而且還不能隨意移動，但我們的政府卻若無其事地發出建築許可？

由此觀點思考，就能知道，建造無謂的地基結構並不是為了建築本身，其中肯定有某種特別的意義存在。如果要我說明到底是為什麼，那就是，有了混凝土地基結構，就能明確定下不動產的面積範圍。現代建築和古時候的傳統建築不同，一旦無法隨意移動，整個「所有權」的概念就會更具體。

「擁有」的觀念分為兩種層面，然而現在的政府很狡猾，會巧妙地利用這種特性。擁有東西時，會產生「因為擁有所以快樂」的層面，還有「看一眼就知道是誰的」的層面，後者可以讓政府易於管理國民。

「看一眼就知道是誰的」很好理解，就是你的房屋會被登記在地籍資料上，裡頭會留下你的居住地址、誰買的房屋，還有申請多少房貸，你必須為了這個房貸賺多少錢……全部的資訊都一目了然。那麼另一個「因為擁有所以快樂」，又有什麼特性呢？

其實，我比較想先問：「因為擁有所以快樂」的這種「感情」是從何而來？我認為，把錢拿去繳房貸跟繳房租沒兩樣。或許有人會想說，買下房屋就能隨意改建，所以當然會快樂啊。但又不是每個人都想來個房屋大翻修。再說，我現在的房子是用租的，也一樣能隨我的意思來改建。所以我還是想多問一下，擁有房子和買下房子時，大家的感覺又是如何呢？難道有人打算再高價轉賣嗎？但這可是違法的喔。

請參考下列法條：

《土地基本法》第四條：土地不得作為投機交易之對象。

按照這個條文來看，會發現日本所有的不動產業者都已經觸法了。

雖然大家會因為用錢買下土地、房屋而感到愉悅，但我還是無法理解這有什麼好高興的。我還真希望有人能對我開示，因為我一直不知道買房後有什麼好處。會問出這種問題的我，大概也不配當建築師吧？畢竟每個建築師都希望大家能向他們買更多的房子，會對此產生質疑的應該不多。

說穿了，大家認為的「擁有不動產所產生的快樂」，其實只是種空虛的情感。你就算是用租的，其實也能從中感受到快樂。

肯細心照顧農作物的農夫們，還比較不會有這種擁地自重的情節。就我個人所認識的農夫們來說，那種會強調農地是私有財產的農夫才是怪人。因為要是沒有大自然所賜予的土地，大家也不可能靠農作物營生。

既然土地是大自然所賜予的東西，那就代表土地本來就不屬於任何人。當然，土地也不能當作祖先庇蔭或神明恩賜的物品。我想說的是，擁有土地的欲望和關愛自創作品的感情不能加諸在土地上，因為土地是大自然的一部分。

麻煩才有意思

土地的所有權議題是我們目前最該思考的問題。要是二〇一一年十月、在東京都世田谷區地下發現的過量輻射物不是鐳，而是銫（譯註：東京世田谷區當時曾測出地下有過量的輻射物質，經查證後，發現是含有鐳的瓶罐。雖然輻射量超標，但基本上對人體健康沒有太大的影響），說白話一點，就是假如有像福島核變一樣嚴重的災情，到時候不動產就會變得毫無價值。

如果政府重視「擁有不動產的快樂」，就該馬上補償所有因核災而無家可歸的人。然而，政府只在乎「看一眼就知道是誰的」，如此可以確實管理稅收來源。所以我才會擔心我們的政府是否真的值得依靠。

目前政府表面上看起來很重視多元化，然而他們做的，卻是想辦法讓每個人都停留在單一層面。就是這種傾向，才讓社會產生各種怪異的現象，而關於「擁有」的錯誤觀念也才因此變得理所當然。

擁有房屋，本質上應該是輕鬆又愉快的事情，但目前擁有土地卻是很沉重的負擔，而且上面還有鐵鍊將你栓得緊緊的。雖然我對此感到害怕，進而畏懼購買不動產，但現在的社會卻把我當成瘋子。

接著來說說我的感官一直都不肯妥協的事情。

首先是從年輕時就開始對社會產生的質疑，另一個更嚴重的則是三一一震災，也就是福島發電廠所產生的輻射汙染。但現在這兩個讓我的感官無法接受的事，居然同時出現在同一個層面了。

核災後，雖然我一直告訴大眾輻射災害的可怕之處，但不論是在言行、建築、美術，還是藝術的領域，每個人都將此當成耳邊風。這就和建築師解釋土地問題一樣，老是用「這也沒辦法」來卸責。

雖然我認為這種態度很糟糕，但建築師們也不會因為不回答這些問題就失去工作。不過，重點在於，現在的建築界只容得下既有的觀念。

他們認為那些問題對工作沒有幫助，而且還會否定既有的觀念，所以乾脆迴避。但我覺得這種態度是錯的。倒不這麼解釋，有些阻礙進展的問題反而更值得玩味，我不認為凡事都要埋頭苦幹才是正確的。

而擁有土地的問題跟輻射災害一樣，不是理論方面的問題，只是大家覺得麻煩，懶得去想而已。思考這些問題確實很麻煩，但只要肯思考，就能從中掌握更多資訊。就算無法找出答案，但至少能學到部分生存的技術。

換句話說，大家不是覺得「沒問題」，而是早就知道如果正視問題會很麻煩，所以寧可當作沒有。有句話說「眼不見為淨」，而我們的職場、工地現場、生活、政治，都正好可以用這句話來形容。

不過，這些異象並不會阻礙我，反而會幫我按下促進思考的扳機。對我來說，這些問題就像是愈琢磨就會愈漂亮的璞玉。

2 逐漸醞釀出的公共空間

神奇的庭院

我曾在《ecocolo》雜誌上寫關於東京庭院的調查專欄。

雖說主題是東京的庭院，不過畢竟東京土地太小，家中真正有庭院的人其實不多。但是，也是有一些人會花費心思打造出理想中的庭院，這些庭院就是我在專欄上的訪問對象，我將之命名為「4D GARDEN」。

在這之中，有一個特別吸引我的庭院。

請看九十三頁的照片。這是一個家住中野區、沒有足夠的空間作為庭院，但依然打造出的庭院景觀。原本我以為那是花圃，不過仔細看卻會發現汽車的引擎蓋。

我想要停車場，也想要有庭院，而這個庭院景觀就是這種想法的成果了。

那麼，車子又要怎麼辦？整個都成了花圃了說……而且車子外觀也很乾淨，看起來平時也有保養。於是，我問了一下這個庭院的主人，但他卻說：「明天早上你再過來看看吧。」於是我聽從他的話，隔天早上再過來。

結果就看到了九十四頁的景象。

庭院主人告訴我，每天早上他都會小心地把盆栽拿下來，然後開車送兒子到距離他們家五百公尺的中野車站。其實他根本不需要特地開車出去，但他表示，車子要常常開，不然很容易壞。而且他每次送兒子到車站後，回家又要把盆栽放回車上。雖然這是很費工夫的事，但他卻會微笑著進行這個工作。尤其是整個布置不花他半毛錢，這點最厲害。換句話說，那些盆栽都不是用買的。

問他如何收集到這些植物，才知道原來這些都是從路邊摘來的。他在路邊看到喜歡的植物，就會馬上摘下來，放在小盆栽裡種著，然後讓它們一直不斷生長下去。他的庭院就是透過這樣的作業逐步地完成。

東京中野區的神奇庭院。

隔天早上過去一看，就成了這樣的光景。

我又問他，那些小盆栽現在放在哪兒呢？他一邊說「就在那啊」，一邊指向對面的公寓。我馬上看到公寓牆角放了一整排盆栽，看起來就跟花店沒兩樣。它們就像棒球的二軍球員，等長大後就能擺到車上的那個大聯盟裡了。

我對他說：「你除了有一棟房子，還有一棟公寓嗎？你真厲害。」

他回答：「其實那棟公寓不是我的喔。」

聽了他的解釋才知道，原來那棟公寓的房東看到他的庭園造景技術，覺得很棒，所以跟他說好：「公寓這邊可以隨你布置，這樣還能讓你稍微有地方調配這些盆栽。」

我看他根本就是園藝界的傑出人才。

自己動手打造公立公園

看著這個庭院，我思考了許多關於「私人擁有」的觀念。那位庭院的主人原本只是想布置自己的庭院，結果他的領域居然還延伸到對面的公寓。如果他放的是廚餘或一些怪東西，那大概也輪不到他幫人家管理公寓景觀。植物繁衍的力量可以豐富人的內心，甚至還能超越土地所有的觀念，讓人與人之間更加親近。

如果再仔細看這些盆栽，還會發現每一盆上面都有牌子標上植物名。由於他的盆栽實在太多，所以我沒辦法把所有植物的種類記下來。我很好奇這麼做有什麼意義，因此我問了庭院主人。他回道：「因為很多路人停在這邊觀賞，他們都一定會問我植物的名字。」原來名牌是特地標給路人看的。

他接著又說：「這附近雖然有公立公園，不過地上有很多小石子，樹也只有幾棵而已，待在那裡實在無法覺得自在。我覺得公園最好能像我家一樣，綠意盎然，這樣大家也會比較高興。」

聽了他的話，害我差點哭出來。本來我以為這只是他的個人庭院，但他其實是當作公立公園在管理，而且這個公立公園還是他親手創立的。他不是用「因為擁有所以快樂」的觀念在布置庭院，而是明顯把自己的土地當作公共空間，一個園藝師親手打造出的公共空間。

我把因為這種狀況而生的公共空間，取名為「Private Public」（私人的公共場合）。

我想大家都知道一件事，那就是日本的公立公園環境不是很好。除了代代木公園或井之頭公園，小鎮的公園大多會讓人覺得「簡直是在浪費納稅人的錢」。

我很想讓大家看看這位園藝師的功力，因為他可以在不花錢的狀況下獨自創造出不同層面的公共空間。我認為這種概念甚至值得告訴全世界：「我們日本有這麼棒的公園喔！」不但要讓大家知道我們仍大有希望，而且這其中也有值得我們學習的思維。

從自己做起

對於現今的公共設施，我一直有許多質疑。尤其常在我們一不留神時，就莫名地多出許多公共設施，不管是新圖書館、劇場、還是里民生活中心等等，都是這樣。當然，我不是要否定這些設施的功能，但原本還有很多舊的公共設施可用，就算沒有新的也沒什麼不便。

還有，雖然那些設施都蓋得很大，但卻不允許大家在裡面躺著休息。這些設施既然有這種使用規定，那還不如有廣大草皮的公園會更好。此外，那些設施還規定晚上不得入內、不得在裡面吃便當等等，不禁讓人覺得那根本不是為了市民而建的。

我覺得現代的公共設施，就像是空有骨架的大箱子，無法充分發揮實質效用。而這個大箱子的施工費用就是我們所繳的大量稅金。至於是否有必要建造，都是由地方首長決定。奇怪的是，公共建築愈多，我們能自由玩耍的空間卻愈少。建築師可以從中抽成，因此對他們而言，公家機關找他們蓋公共設施可說是多多益善。

由這些現象看來，就能發現，公共設施的建造從頭到尾都充滿了矛盾。

反觀那位園藝師所打造的公共公園，散發著屬於他個人的舒適氛圍，不只在庭院感受得到，甚至要直接當成公園也沒問題。這就是以人作為起點，再一點一滴擴散出去的公共概念。

我很想告訴大家：「這種私人空間所衍生出的空間才算是公共設施。」公共設施不是因為有人需要所以花大錢蓋出來的，而是要身體力行，以創意打造出有意義的空間，再將之分享給眾人。我覺得這樣才符合真正的公共精神。

看了那個庭院，讓我很想效法該園藝師。

自己的政府自己蓋

這裡再介紹一個案例，那是再造公家機關所蓋出的公園的實例，是一間由溜滑梯改造而成的零元房屋。地點在名古屋某個高架橋下，由於兩旁是主要幹道，所以幾乎沒有小孩會為了去那裡玩而穿越大馬路。偏偏這裡架設了一個大溜滑梯。

這間零元房屋的主人住在該處，以公民不服從的行為，諷刺那些欺騙市民說是為小孩而建、實則藉機收回扣的公家機關，並構築出了另類的居住層面。我覺得他真的很有膽識。

換言之，「私人的公共場合」不是我率先提出的新概念，其實我們身邊早就有符合這種概念的事物。只是為這個概念命名後，再定睛一看就會發現，原本普通的街道，其實是各種思考層面構築而成的立體空間。

因此，我也要試著規畫我的私人的公共場合。以福島核災為契機，我打算用這個概念創造一個「新政府」。

用自己的方法，將高架橋下的溜滑梯轉化為零元公共設施。

堂堂的公家機關在兩條大馬路之間蓋公園，那種糟糕透頂的使用動線，讓看不過去的那位仁兄跳出來打造帶有個人概念的公共空間。所以，我決定效法那位仁兄，像園藝師一樣，用私人的公共場合概念創造獨特的政府，而且要實行有趣又有意義的政策。

有別於那位仁兄「蓋那種公園是在搞啥鬼」的感想，我個人則是認為「那個政府在搞啥鬼」。政府蓋公共建設，用的是國民繳納的稅金，然而他們卻沒有仔細規畫，隨便蓋在高架橋下的兩條大馬路之間，完全不在乎人們是否真的能使用。

我只能從這種漠視人身安全及生活品質的態度中感受到一件事，那就是他們打從心底瞧不起國民的生命財產。

不過，光是抱怨也無濟於事，只是單看別人發揮創意也沒有意思。俗話說：坐而言不如起而行。像人家也是討厭那個公園，就自己打造出全新的公園，那我討厭目前的政府，乾脆也自己打造一個新政府好了。不管我的這種單純想法是好還是壞，但我就是想這麼做。

就這樣，我開始打造新政府了。

3　二〇一一年五月十日，新政府誕生

覺醒之時

二〇一一年三月十五日，我從《日本經濟日報》得知，東京的空氣中檢測出放射性鐄和銫。我那時很緊張，立刻叫太太以及三歲的女兒搭新幹線到大阪去。由於我必須拍電影，因此早上八點到名古屋工作完畢後，也馬上趕去大阪。

我從三月十六日開始，持續在大阪待了一個星期左右。那時我就像是瘋了一樣，打給手機通訊錄上的所有人，叫他們趕快往日本的西部地區避難。當時的事我都寫在部落格上。

那時NHK正好在拍攝關於我的紀錄片，我便向他們提出要求，希望他們可以做一個節目，專門為大眾說明放射性銫和鈽的危險之處。後來，我也透過以前的關係，拜託《朝日新聞》刊載關於輻射塵的專文。然而，我的要求全都被拒絕了。就算我嚴正的跟他們談到凌晨四點，也無法讓他們點頭同意。

在沒有辦法的情況下，我只好打電話給民主黨的某位祕書，希望他們馬上出動自衛隊，幫助福島縣的居民撤離災區。但他卻說：「這位先生，以目前的救災方案來看，我們該做的都已經做了。」我聽了就頓時覺醒了。

我這個喜歡宣傳自己建造了移動式住家的人，在面對國難時，卻只會向政府、媒體求救，我實在是太不中用了。要是鈴木先生與那個園藝師知道了，一定會取笑我這番醜態吧。一切還是得靠我自己。

如今回想當時的狀況，我覺得自己像在演一齣鬧劇。不過，當時我是很認真地在思考，不斷反問自己該如何解決這個危機。此外，社會輿論、媒體、建築、藝術界，都開始陸續有人討論震災和廢核的事。只不過，我覺得他們並不在乎福島第一核電廠的災變，因為他們都沒有呼籲民眾盡快撤離災區。

比起核電廠引發的災害，他們只在乎下一個替代能源要用什麼才好。我卻認為，這種非常時期最該優先考慮的是人民才對，大家應該要思考如何才能撤離災害現場的所有居民。

新政府誕生

後來，我聽太太說，她認識的國會議員在三月十五日時，就已經送自己的家人去國外避難了。我聽了十分訝異，原來政府不是不了解災情的嚴重性，只是不想告知大眾而已。

正因為政府推卸責任，所以很多時候大家才會寧可自行收集資訊，想盡辦法了解真相。由於我也無法相信任何官方發言，所以我逃到離福島最遠，同時也是我的故鄉熊本縣。畢竟在國難當頭時，議員的家人們早就先逃到國外了，我又能怎麼辦？要是站在同一層面，向關起門來做事的政府抗爭，我認為說不定反而會是我們先完蛋。

對於核災，我們的政府選擇知情不報，由此可知，在我們國家的議員眼中，自己家人的生命和我們的生命並非一視同仁。我們的生命就像是名不見經傳的無名之物，即使無視這些生命的存在，政府也不會感到愧疚。就算我們義正詞嚴地表達出想改革政治的決心，也一樣拿他們沒辦法。不過，至少我們還有能力，可以在自己的生活層面裡創造出屬於自己的房屋；只要有心，甚至也能自己打造政府。

我常想：現在的政府真的值得我們信任嗎？總覺得很多人每次都只會對政府說：「你們下次一定要說清楚講明白。」（就像某些遭到家暴的女性，就算抱怨自己被老公打，還是不會想離婚。）不過啊，我還滿羨慕政府的，因為他們說了那麼多謊話，國民也還是不敢吭聲。

福島發生核災時，政府明明就該告訴大家快點避難，然而他們卻知情不報。看到他們的這種表現，我就已經不把這個政府當政府看了，這簡直就是無政府狀態。我認為這種情況很嚴重，倒不如自行建立一個新政府好了。

所以我在二〇一一年五月十日創建「新政府」，同時我也以「新政府首任行政院長」之名走馬上任。

雖然我看起來是想怎樣做就怎樣做，不過日本這個國家還是有所謂的「內亂罪」，所以要是我真的打著成立新政府的名號，說不定會被治罪。因此，我把成立新政府的行動稱為「藝術」，而本來我也就是把「改變社會」當作一種藝術，因此我也不算是欺騙大眾。像我在報稅時，也是以藝術的名義申報新政府的活動經費。換句話說，如果不先釐清法律的部分，我就會馬上掉進法律的陷阱。此外，我有一位叫作傑克・阿德勒（Jack Adelaar）的朋友，他是一名國際律師，目前也是加拿大寶雲島的市長，他幫了我很多的忙。

以露宿生活為範本

雖然說我建立了新政府，但我不打算一肩扛下所有行政工作。我主要是想讓我的政府死守國民的生存權。這句話聽起來多少有點開玩笑的意味，但目前的政府還真的沒人負責這個工作。

我這個新政府的施政方向很單純，那就是「盡全力讓自殺人數降到零」。

在我的新政府中，生活得痛苦到想死就算是違憲，也因此我才想趕快動起來；還有街友的存在違反《憲法》的生存權，這樣也是不行的。

所以我想重新詮釋「街友」的意義，以及零元房屋這種生活型態。街友們實現了不花錢就能生存的世界，用自己的技術將所有垃圾化為「貨幣」。我認為這已經算是全新的經濟型態。

但讓我困擾的是，大家都會說：「我才不想過那種乞丐生活」、「我不要像那樣弄個巢穴住進去」、「我才不想撿廚餘吃」。所以我還是要再三聲明，我沒要求大家一定要過那樣的生活。我只是希望大家能在都市裡運用自己的創意，從零開始打造出屬於自己的生活層面。

想要有理想的生活，就要靠自己。

新政府的避難計畫

新政府的行政院長官邸位於熊本市內坪井町，那是一棟屋齡八十年的房屋，占地約六十一坪，月租為三萬日圓。我把這裡取名為「Zero Center」，專門收留日本東部境內所有核災災民。

不管是住宿的費用，還是水電瓦斯費，一律免費。也因此有些人覺得這個庇護所很可疑（當然，也曾被人以為是新興宗教的道場……）。但我還是要強調，無償的幫助有麻煩的人，是很正常的事。因此，我認為自己提供庇護是理所當然的，而我從未向災民收過任何一毛錢。

這個庇護所開放不過一個月，就有一百個以上的災民前來投宿。其中有六十多人後來決定在人生地不熟的熊本定居。

由於當時沒有確切資訊能判斷撤離到哪裡才是真正安全的，所以只靠政府實行避難計畫，恐怕也是鞭長莫及。但如果換成規模較小的私人政府，就能簡單達成這項任務。事實上，我們不需要統治全日本的大政府，我們真正需要的是能記下每個人的臉、並且可以互相溝通的小政府。要是一個政府沒有這種能力，規模就算再大也是枉然。

我的想法和以前調查街友、製作移動式住家時一樣。既然封閉化的社會體制不可能達成我的目標，那我就要用更清晰的觀點發掘屬於我自己的層面，並且在其中實踐我的目標。與其等政府達到我的理想，我認為還不如自己動手要來得更快。而且我的行動可以解釋為藝術，不需要經過國會的認可，想做就可以自己動手做。

前面提到的庇護所的災民們，有些人後來決定和故鄉訣別。我想這是因為我的態度明確，讓災民們漸漸了解到我的避難計畫並不可疑。說起來，懷疑他人在社會上確實是必要的，但只要多溝通就能解開誤會。重要的是，互助是一種單純的行為，同時也是不需考量損益的反射動作。

其實，我只是對政府的所做所為有所懷疑而已。我還是認為，身為行政機關，他們該考量到災民必須迅速避難這件事。雖然我的經費不多，無法為避難者提供生活費，但至少我能告訴他們：「請放寬心在這個免費的庇護所避難，我們可以一起討論往後的遷居問題。」

我的錢足夠讓我完成一些很簡單的事，而且整個避難計畫花的錢也不多。例如付水電瓦斯費、幫福島居民出交通費、協助他們到醫院進行輻射檢查。而且庇護所月租只要三萬日圓，很容易就能維持運作。

初次外交並開始組閣

這個庇護所成立了一段時間後，熊本縣長的直屬幕僚小野泰輔先生來Zero Center找我。這除了是新政府的首次外交活動之外，他也對移動式住家表示了興趣。於是我告訴他，我這麼做就是想要改變大家關於居住和勞動的觀念。因此，我開始展開了和熊本縣政府的外交活動。

《蒙特婁公約》中有一個「何為國家？」的條目，而我看了其中的內容後，也想效法該條目中對於國家的定義。

該條目認為國家必要的條件為：

一、人民
二、政府
三、領土
四、外交能力

一、二項我已經擁有了，第三項如前文所述，就是銀座的那塊無主地。至於第四項，則是和熊本縣進行外交。

由於我是新政府的行政院長，因此也必須組閣。

我先打了電話給人文、宗教學者中澤新一先生。我在二〇一〇年時認識他，當時我們兩人很合得來。而且他還告訴我：「你就繼續保持小孩子般的心態，向大眾提出單純的質疑吧。」

也因為這件往事，所以我自顧自地跟中澤先生說，我要任命他為教育部長。而他也很爽快的答應了我的要求。

後來，我還邀請告訴我輻射恐怖之處的鎌仲瞳導演，請她擔任勞動部長。還有建築師藤村龍至先生擔任交通部長，行政院祕書長則是長期和我在網路上合作節目的音樂人磯部涼先生。其他朋友也都成了我的內閣成員。

此外，要是有人可以緩和現場氣氛，我會叫他「緩和氣氛部長」；很會按摩的就叫「按摩部長」；能輕易要到別人電話號碼的，就叫「電話部長」。我認為每個人都有自己的才能，而將自己的能力發揚光大，就是他們的使命。

換句話說，只要你是新政府的國民，就有機會成為某某部長。而且，我除了擔任新政府的行政院長之外，也能擔任你的新政府中的某某部長。我這個人不是為了要統治國家而成立新政府的，我只是想效法那位在自家門前、靠自己布置出公園的園藝師，想要身體力行，從自己做起，號召大家一起來打造新政府罷了。

我甚至想過，要在報紙上刊登全版廣告，告訴所有人我創立了新政府。二〇一二年四月的現在，我的推特有一萬兩千名網友關注，而全版廣告要價數百萬到一千萬日圓不等，所以網友們一人捐一千日圓就能輕易幫我完成這個夢想。

「你想當什麼部長呢？我們的新政府急需你的才能，請立刻撥打以下電話，和新政府的行政院長坂口恭平討論吧！Tel. 090-8106-4666」

零元夏令營

在新政府避難計畫後，我們接著展開了「零元夏令營」的活動。這個活動的內容是免費邀請五十位福島縣的小朋友，來熊本縣住三周。

這個活動的負責人除了我之外，還有震災後在福島當志工的ＮＰＯ青年協議會代表上村剛先生，和熊本縣政府的幕僚小野泰輔先生。雖然我們三人只開過一次閣揆會議討論，不過我們就直接在那一次會議中決定舉辦這個活動了。我們的想法是，不收參加者半毛錢，總之先試試看再說。值得一提的是，這類活動還沒有地方自治機關做過，頂多是三天兩夜的短期行程。

不過，光是參加者的機票和新幹線車票，就要花上一大筆錢。我那時手頭可以出的錢是一百五十萬日圓（我以前賣畫給溫哥華的藝術贊助者時，曾賺進三百萬日圓。那筆錢一半我自己使用，另一半我交給太太保管），就在我打算要動用這筆錢時，沒想到，有三位網友看到我在推特上的文章後，馬上將一百五十萬日圓匯到新政府的帳戶裡。

這筆錢不是所謂的募款，他們是看在我的態度上投資了這筆錢。因此我在報稅時，也把這筆錢算進自己的收入當中。而我也以此對外表示，自己的新政府活動，是一種可以賺取收入的「藝術」工作（我想新政府只要能持續運作，總有辦法產出經費吧？）。

我將這種實踐自我並展現出個人態度的模式，稱為「態度經濟」。跟以往的貨幣經濟、資本主義經濟不同，態度經濟是靠做事的態度來與任何事物、貨幣進行交涉。而這也是我參考那些街友的行動後所想出來的概念。不是單純的以物易物，而是將自己的態度贈予他人，從而產生經濟活動。

我們還將那五十位小朋友分組，並且請住在熊本的當地人照料他們，帶他們去玩。剛好我有在熊本的地方報紙《日日新聞》上連載專欄，藉由報紙的宣傳，我們獲得許多善意的支援，而零元夏令營也託大家的福終於實現了。

其實，我在夏令營快結束的期間，也就是二戰終戰記念日的八月十五日時，進入憂鬱期（精神醫師診斷後發現我有躁鬱症，雖然我不認為這是病）。幸好到夏令營結束的二十日為止，我都沒有因此造成大家的困擾，也沒讓小朋友們受傷，這真的要感謝大家的幫忙。

此外，在夏令營活動的那段期間，日本的行政機關都沒有進行任何的疏散。熊本也有一些地區單位想招待福島的小朋友，最後還是沒有實現。我覺得現在的政府一點擔當也沒有。我們想要的其實很單純，哪怕只有一點點能力也好，我們都希望政府肯出手幫助有麻煩的人。不是要它們釋出浮誇的善意，只要能提供最簡單的援助就夠了。

在下一章，我會談一些我在非洲肯亞學到的事。在肯亞，只要一個人有錢，他身邊沒錢的人就不用擔心吃飯的問題。而這些沒錢的人會唱歌或跳舞以酬謝對方，並教對方唱歌跳舞，同時在宴會上也會主動當個最棒的表演者。對人類來說，分工合作就該如此自然。

這在肯亞的奈洛比再普遍不過。我很想實行奈洛比的生活態度，因為這麼做能讓我心情愉快。那就是一種律動，只要醞釀好時機，金錢自然就會開始流轉，而大家更容易聚在一起，金錢和美食也會愈來愈多，因此每個人都能過著無憂無慮的生活。

將私有概念擴大

私人的公共場合並不是要把所有東西都變成公共的，而是所有東西都屬於私人，所有東西都能為個人所擁有。

例如，前文中說「房子只能算是寢室」的那位街友，他住在僅一張榻榻米大小的房屋中，不過他認為那「只能算寢室」，並且把整個城市視為自己的家。他把維持自己生活的要素，分別擴散到都市中，這就是擴大私有的概念、並應用在不同層面。

我認為這會影響到我們對房屋、生活的觀念。我認同有些人需要個人空間，但我們其實不需要擁地自重也能做到這件事。再說，不擁地自重，還能獲得更寬廣的生活範圍。

當然，擁有不是一種罪惡，但擁有的概念會讓我們的生活變得狹隘。

在空間上，一旦我們公私分明，我們就會失去很多事物。因此，我想透過新政府的活動告訴大家，私人和公共其實是密不可分的。

第三章　展現你的態度和對方交涉吧

Chapter 3

1 新經濟的型態

奈洛比之夜

二〇〇七年，我前往非洲肯亞的奈洛比參與一個展覽。

曾有位印度藝術家在日本書店看了我的著作《零元住家》，由於他覺得很有趣，所以找到了我本人。基於這個奇妙的緣分，在短短三個星期後，我就受他之邀到非洲參加展覽。我幾乎沒有時間打疫苗，只打了黃疸疫苗就上飛機了。

他委託我做出一個用垃圾打造，而且可以動的東西。所以，我請他帶我去當地聚集最多垃圾的地方，而他帶我去了奇貝拉，據說那裡是非洲最大的貧民區。

後來，我找奇貝拉當地的青年幫我工作。雖然他們平時都有正職，可是月薪大多只有三千日圓，而我給的酬勞是三周七萬日圓。我太太平時都說我很窮酸，但我出的這個價格是他們月薪的二十倍以上，而且我還包辦了他們的餐費。

本來我只想找兩個人幫忙，可是沒想到有八個人想要為我工作。就這樣，我們每天工作完畢後，就在一間名叫「奈洛比2000」的俱樂部，一邊聆聽現場的剛果音樂演奏、一邊用餐。雖然我們都很少喝酒，不過倒是很常跳舞，而他們也教我許多部落的傳統歌曲和舞蹈。

觀察那八個人組成的小團體，會發現其中有一人是領導者，他會管理所有人的行程，以及在人偶劇公演時需要用到的資金。此外，在他之下還有副手，剩下的人則是一群無憂無慮、身上沒錢的樂觀傢伙。

但是這些樂觀的人當中，有的很會唱歌，有的很會跳舞，有的眼力很好，有的則是很會畫畫，有的擅長跟人交際談判，有的很受女性歡迎。簡單來說，他們在團體中都有屬於自己的角色。至於錢就無所謂了，反正有錢的朋友自然會幫他們付。我和他們相處時，感到很愉快。

我當時製作出來的 Kibera Bicycle。

在奈洛比看到這樣的景象，使我感受到未來是有希望的。

他們都是人偶劇的表演者，對金錢不太計較，反而更重視表演人偶劇時腰部要怎麼動，還有要適時地慢一拍。有些女生懂得欣賞這些技術，就會主動跟他們聊天。我打從心裡覺得這實在是一種頗有深度的文化。

雖然那時我還沒有發明「態度經濟」這個詞，但是態度經濟的觀念來自於他們。像是他們其中一員彼得的影音設備全都被人給偷走，但一個星期後，他們又從別處撿來了影音設備使用。而領導人湯米每個月會靠代書工作賺錢。

我看著用這種方法維持生計的湯米時，想到了「金錢農夫」這個詞。就像是有專門種橘子的農夫，有專門種稻的農夫，而作家專門寫作，畫家專門畫畫，不管是什麼行業，都會將自己生產的事物換成貨幣。「所有物品都被換算成貨幣」，這看起來好像是很自然的道理，但我又覺得其中有某種不協調感。

雖然我們把許多事物都換成貨幣，但當我看到湯米他們後，才發現唱歌跳舞也能視為同等價值的東西。雖然湯米不是種橘子的人，但他知道哪裡可以採集到金錢，並且分配給每一個人。

在奈洛比時的那些事讓我玩味許久，而我也因此從調查街友的住家，漸漸思考到建築是什麼，然後再逐漸踏進貨幣是什麼、生活是什麼、互助的共同體又是什麼的思考階段。

什麼是經濟

在封閉化的社會體制中，最麻煩的就是錢的問題。我在推特上跟網友聊自己的觀點時，最常看到的反對意見就是：「你的看法依目前的經濟是很難實現的啦。」

既然如此，這裡就來探討「金錢」的問題吧。我覺得在思考這個問題的同時，要先將「生活需要花多少錢」具體化，因為這跟「房屋應有的狀態」有關；然後再思考「如何才能賺錢」，理出頭緒後，再創造出屬於自己的層面。

例如福島核災時，有人會將遠離發電廠避難的風險，跟避難後沒有工作、沒辦法賺生活費的風險一起放在天秤上衡量。乍看之下，將求生跟生活費拿來做比較是很正常的，但這其實是邏輯上的陷阱。

那麼，經濟又是什麼呢？

這裡先來探討一下經濟（Economics）的語源吧。其實Economics就是Oikos和Nomos加起來的複合詞。這兩個詞都是古希臘語，Oikos為「生計、居住場所，保持人際關係的場所」；Nomos則是「習慣、法律、社會道德以及（古希臘）行政區」。

Nomos顯示出Oikos的狀態，這也就是經濟行為的最小單位。

從這個觀點思考，就會發現我們對經濟的定義錯得離譜。經濟在語源上，本身就是思考「如何維持生計」、「居住的地方是什麼」、「要如何在居住範圍內和他人形成共同體」，然後再針對這些思考加以實踐。換句話說，經濟就是改變社會的行為。至於我，則把改變社會的行為稱為「藝術」。

咦？這麼一來，藝術不就等於是經濟了嗎？

雖然這樣說，會有人以為我是靠藝術家身分維生的人，但我的意思並不是這樣。所謂的藝術創業，是在以金錢為主體的經濟中，靠藝術賺錢，就像賣車的銷售員賣車維生一樣，有人專門賣藝術營生。但我思考的藝術沒辦法賺錢，因為那只是在思考居住和經濟之間的關係。

在我的想法中，藝術不等於汽車，而是等於經濟。也就是說，我的想法是「藝術等於思考居住方式、思考如何達到生活共同體」。再說得精細一點就是，思考要如何睡覺、如何跟人交談等等問題，想辦法實踐自己的觀點，然後改變社會，接著跳脫既有的封閉化體系，然後再發現自我的生活層面。

當我們以這樣的模式來思考經濟後，就會發現經濟也存在著各種不同的層面，也會發現，現代人唯一信仰的貨幣經濟，只不過是經濟的其中一種類型而已。當然，資本主義經濟也是眾多類型中的一種。雖然日本目前是資本主義經濟，但街友們回收「都市的恩賜」，將我們所拋棄的垃圾加以轉化的經濟行為，也存在於日本。

我說的「創造新經濟」，是因為新經濟含有能讓我們永續生存的技術。而這也是我想要創立新政府的理由。

然後，在我導出新經濟的型態後，我把這個新型態命名為「態度經濟」。關於這種新型態的產生，講得更簡單一點，就是我認為很多人在態度上多少有想要改變社會的意識，所以社會更不該讓這些人餓死，而是要引導大家互相扶持。我想做的事就是這樣而已，我想達到的結果僅僅如此。

我從來沒有得過獎、也不隸屬於任何美術館，而且我也不需要這些。沒有人會定期匯給我資金，但我也不需要薪水，因為我沒有什麼物欲。比起這些外在的動機，我個人比較在乎的是社會本身，還有改變社會的行動。而且我認為，我的工作就是要實踐自己的思想，還有讓每個人都有辦法活用自己的長處。

此外，我不把我從事的工作稱為「勞動」，而是視為一種「使命」。

我不是因為金錢才開始行動，因為賺錢和改變社會是兩碼子事。雖然我的確是從害怕我餓死的人們那裡得到資金，但我認為能維持這樣的生活就夠了。

我太太是家庭主婦，養育我們三歲女兒的同時，她也兼了一些零工。雖然我們從東京疏散到熊本後，她的工作機會變少了，但起碼我們還活著，而且生活也還過得去。我甚至很肯定，自己的收入已經是住在東京時的兩倍了。由於鄉間地區花不了什麼錢，所以我反倒覺得生活變得更輕鬆。就是因為這樣，所以我才有更多空檔來進行這個沒賺頭的新政府活動。當然，對此我並不感到迷惑。

金錢這個東西就是為了讓大家快樂才會存在，我是這麼想的。因此我喜歡和大夥兒一起吃飯，找人來一起玩，喜歡辦活動、大家聚在一起做事的感覺，我就是喜歡用錢滿足我的這些動機。

除了這些動機以外，金錢還有其他用途嗎？至少我個人認為沒有了。

態度經濟的理想狀態

我心中的態度經濟如下所述：大家只要走在路上，講話、互相擊掌，就能發展出經濟。因為大家此時此刻都擁有舒適的住家、城鎮和生活共同體，人們可以密切來往，並進行交涉。

比如現在，有一個人迎面而來。他步履輕盈，陣陣微風吹拂，模樣非常瀟灑。雖然他看起來朝氣蓬勃，但他並不想努力賺大錢，而是想讓這個社會變得更有趣，所以他常常會有出乎意料的創意。這就是我心目中的態度經濟。

換言之，生存方式就是態度經濟。

在態度的世界中，誰跟誰互相認識並不重要。態度是一種明確的感覺，只要能共享彼此的目的，大家都可以成為同事。所以就算你突然拜託別人某件事情，對方也會爽快地幫助你，立刻進入工作狀態，因為他就是在展現自己的態度給你看。只要每個人都能讓態度持續展現，我們就不需要額外進行溝通。先做再說，這就是態度經濟。

在態度經濟的社會中，假使你想做某件事，但還缺五十萬日圓才能完成，當你向朋友求助時，對方會說別在意，我有更好玩的主意讓你參考，然後討論完的隔天就帶來一個肯為你出三百萬的朋友，結果讓你原本預想的成果變得更豐碩。不過，出錢的朋友也只是單純的「朋友」，絕對不能對出錢的人言聽計從，相處時只要互相擊掌就可以了。

也許你會覺得這根本就是在作白日夢，但我認識的街友們中，許多很厲害的人都是這樣創造他們自己的經濟活動。

鈴木先生在隅田川生活了十多年，他不但會自己蓋房子，也會用撿來的建材幫別人蓋房子，當然完全是免費的。其實在遠古時代，人們本來就不會因為他人的某種行為而付錢，反而是「希望你能幫我做某些事」更為重要。

被人需要也是一種求生技術。反過來說，你需要的人如果生病了，可能就無法再幫助你，所以平時你會很重視身邊的人們。而這就是所謂的人際關係。

就像這樣，每個人都有無法言述的才能，並且共存共榮。

我們要非常清楚的認識與了解對方，共享才能，以才能互相幫助，這就是態度經濟的基礎概念。

總之，我說的都是很自然的事，而且也不是什麼創新的概念。

讓互助的習慣成自然

鈴木先生創造的不只是房屋，他甚至可以自行打造發電系統。就像只會用蠟燭的人類，演進到按下開關、用電燈照明。當然，生活中有電燈會很方便，不過鈴木先生其實只是害怕蠟燭會引起火災，損人不利己，所以才會使用電。

一般情形下，如果人們住得夠近，即使原本不熟識，但相處久了就會彼此關心，只要看到對方有困難就會互相幫助，這是人之常情。然而現代社會卻把這種互相關心當成「多管閒事」、「這個人是怪人」。例如我實施的避難計畫被當成可疑的宗教團體，就是最好的實例。

在現代，只要一群人聚在一起，就會被當成宗教團體。我覺得這個觀點很好玩，這表示我們沒有目的就不能隨便集會。雖然大家都覺得宗教團體的集會很可笑，但自從我認知到外界將我的避難計畫當成宗教活動後，我便認為宗教有存在的必要。

鈴木先生的人際網形成了一個社群，但他們並不是因為彼此有強烈的牽絆才聚在一起的，跟嬉皮的處世態度也有點不同，而是每個人都有自己的信念，但又會互相幫助，而且很自然的共存共榮。

但即使如此，免費幫別人蓋房子，對任何人來說都是很稀罕的。所以鈴木先生自從幫別人蓋房子後，生活中就沒什麼不便了。只要他想要某種東西，馬上就會有人特地拿給他。不管是白飯還是超商便當都拿得到，想喝紅茶就有紅茶，想喝咖啡就有咖啡，想唱卡拉ＯＫ別人就會撿卡拉ＯＫ伴唱機送他。

就這樣，鈴木先生發現一件事：「沒有東京街上撿不到的東西。」

當然，憑他一人之力是不可能想撿什麼就撿到什麼的，這是交換彼此的技術、徹底的無償贈與，才能產生出的向心力，而這也就是能將不可能化為可能的隅田川社群。他們各自發展出不同的才能，每個人都會去收集自己認為寶貴的垃圾。

鈴木先生在不知不覺間實踐了態度經濟，而且還是在資本主義充斥的東京。

鈴木先生的「生存」行為，產生出新的經濟型態。我認為這除了是經濟活動之外，同時也是一門藝術。

不想要房屋、金錢，什麼都不想要

這裡再介紹一個值得大家認識的人。

新宿車站的東門，有一位名叫佐藤的流浪漢。由於他沒有房子住，所以我在這裡稱他為流浪漢。他相當擅於實踐態度經濟，他對這個世界所展現的態度，和我們完全相反。他將新宿當成資源豐富的叢林，並且在裡頭實踐他的求生法則。

他有將近二十年的乞討經驗。換句話說，他跟鈴木先生不同，他完全不勞動，也不做任何事；不想蓋房子來住，身上也沒有錢。這是因為他說自己不需要任何東西。我問他為什麼這麼說呢？

他說：「因為在新宿要什麼就有什麼啊，只要採集那些東西果腹就夠了。」

只要轉化自己的求生態度，就能把彷彿沒錢就活不下去的新宿看成叢林。

雖然他在新宿車站睡覺，不過他卻說車站不好睡。一問之下才知道，他平時就像貓一樣，白天他會在街上找個角落稍微瞇一下，而他也認為這種生活最適合他，所以他覺得自己不需要房屋。他的生存方式，讓我產生「不需要房屋的人，真的可以說他們無家可歸嗎？」這樣的想法。我反而覺得，像我們這樣不假思索就覺得人一定要有房子住，才是最奇怪的。

我問他平時都怎麼解決吃飯的事？他說，在很多居酒屋，都能拿到人家不要的食材。他知道哪間居酒屋會丟棄什麼食材，所以想吃魚還是吃肉，都是小事。

我又問：「既然睡跟吃都沒有問題，那你還有什麼其他的需求呢？」

他說：「我沒有別的要求了，光是這樣我就能生存下去了。」

換句話說，他奉行的是不要金錢也不要房屋，任何東西都不需要的生存態度。在日本，任何生存方式都有可能達成，生存可以是各種截然不同的樣子。我認為這也是態度經濟的另一種面貌，同時我也發現都市裡存在著各種生存方式。

接著，他又說了一件更讓我感興趣的事。他說：「其實我也還是有要用到錢的時候啦。」聽到這句話，我反而覺得很安心。因為他都把自己說得這麼超然物外了，原來還是跟我們這些凡夫俗子一樣需要用錢。不過，我問他平時用錢做什麼，結果他的回答更讓我吃驚。

他每天都會用手摸索自動販賣機的找零處，大約能撿到五百日圓。他說自己不需要花錢買東西，但他平時會用這些錢來買什麼呢？他立刻回答：「買可口可樂啊。」

他有個信條，就是千萬不能跟別人要菸抽、要酒喝，他不想因為抽菸酗酒而讓人生變得渾渾噩噩。但可樂就不同了，他無論如何都戒不掉喝可樂的癮。而且街上又沒有即期可樂可以讓他回收，看樣子可口可樂公司的嚴格控管，讓佐藤先生徹底投降了。

換句話說，五百日圓不是可以買任何東西的貨幣，而是單純的可樂兌換卷罷了。這對我來說很有衝擊性。我會探討貨幣的定義是什麼？但在佐藤先生的觀點裡，貨幣是單純的金屬加工硬幣，只不過是拿來兌換可樂的東西。對他來說，沒錢不代表活不下去，只是沒有可樂喝罷了。

沒錢買可樂喝不會死，只是會覺得生活有點空虛而已。

這也是態度經濟的一種型態。

不是交換，而是交涉

態度經濟不會和貨幣經濟分道揚鑣，它是封閉化體制之外的另一層面，是一種較為抽象、卻又更為實在的經濟。態度經濟不靠貨幣來換東西，也就是說，不「交換」，而是「交涉」。重點是讓人類的情感、知性等「態度」互相交流，這樣就能算是交涉，而不是單純的交換東西。

舉個大家都能想像的例子來說明。中世紀的某個鎮上，有兩名商人正在市場上打交道。一個拿著黃金，一個拿著黑胡椒。雖然黑胡椒跟黃金是兩種不同性質的物品，但以前的人真的會拿來互相交換。你也許會很好奇，畢竟黃金光彩奪目，想要用黑胡椒交換黃金難度頗高。

不過，黑胡椒商人只要拿出黑胡椒讓黃金商人聞一聞，接著再把黑胡椒磨碎，使其散發出更濃厚的香味，黃金商人就會漸漸屈服於黑胡椒的藝術之下。他會因此想要獲得黑胡椒，但自己手裡的黃金怎麼可以輕易交給對方呢？畢竟黃金對每個人來說，其價值都是顯而易見的。

接著，黑胡椒商人使出了絕招，他將橄欖油淋在平底鍋中，點起火來烤肉。最後他把黑胡椒粉撒在肉上，這場比試的勝負已然揭曉。

黃金商人決定把黃金全都拿去交換黑胡椒了。

像這樣，運用各種表達方式，表現出物品的價值，在對方理解其價值後，使會願意進行交涉。我認為這種態度經濟，絕對會成為新經濟型態的骨幹。

尤其是自從我展開新政府活動後，更是確切地感受到這種發展。

不過，交涉這種事光靠網路是不行的。交涉需要雙方之間有身體互動，所以態度經濟會促使人與人相會。當然，我們還是可以用網路進行交流，但直接與人互動，方能依靠彼此的才能達成交涉。

我不只在東京工作，我也會在熊本工作。在東京，我從事出版業，而在熊本忙的則是新政府的行政工作。在加拿大的溫哥華，我在當地的現代藝術界工作，我的大部分收入都是從溫哥華的工作中賺來的。我也曾在肯亞的奈洛比工作，最近還有一些歐洲國家把我的新政府活動改編成舞台劇，我也因此被視為藝術表演者。而在新加坡這個陷入泡沫經濟、地價也不斷上漲的國家，大家稱我為「不花錢也能生活的建築師」。只要你開始和他人交涉，在不同地區人們的眼中，你就會有不同的樣貌，我從中感受到這有無限的潛力。

態度跟作品不同，沒有被困在框架中的危險。就像有人出書，讀者只會看到呈現出來的文字，但不會知道作者在寫作時還另外進行什麼活動。當然，想要散播自己的思想，我們還是必須依賴作品和商品的形式。而你所有思想的源頭就是自己的生存「態度」，這是藉由思考生活方式而得來的。

如此一來，新的經濟型態就會誕生，而且會成為我們未來的生活方式。

在腦海中創造都市

那麼，態度要如何創造及展現出來呢？其實態度是一種天生的行為，是自然產生的。不過，要讓態度變得更具體是有方法的，那就是「在腦海中創造都市」。

我把這種行為叫作「思考都市」。我會像都市規畫那般，以自己的各種思維、目標、嗜好，以及想試驗看看的主意，用這些在腦海中規畫都市。在和他人交涉時，我也會把腦中的「思考都市」加入對話中。雖然這樣聽起來很怪，但我真的就是這樣從零開始慢慢創造出我的工作。

我想，我小時候的生活體驗，就是這種思維的源頭。但不只是這樣，我大學時代的恩師石山修武先生也教了我許多東西。例如，一九六〇年代由嬉皮建造的多面體穹頂屋（Geodesic domes，譯註：由富勒〔Richard Buckminster Fuller〕發明的圓頂型建築，日本人習慣叫作フラードーム〔富勒式穹頂〕），以及介紹穹頂屋的雜誌《全球目錄》（*Whole Earth catalog*）創辦者史都華・布蘭德（Stewart Brand）、傑克・凱魯亞克（Jack Kerouac）所寫的小說，到梭羅

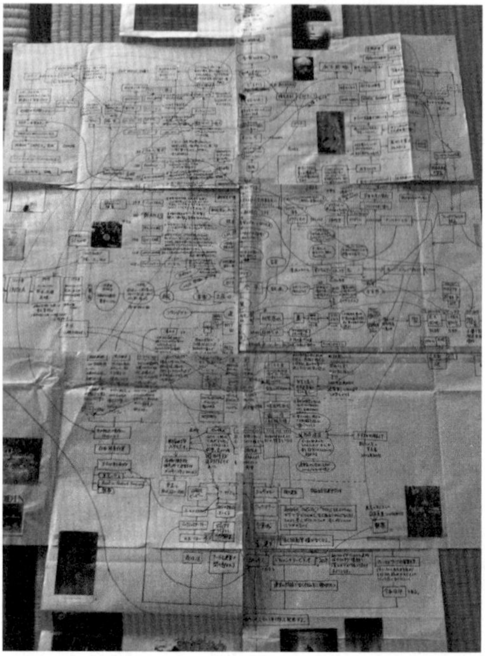

我腦中的思考都市，此為二〇〇五年的版本。

（Henry David Thoreau）的《湖濱散記》，這些在我看來全是「經濟文學」，而且都跟鴨長明的觀念有所關聯。還有南方熊楠在關於曼荼羅（編註：印度教密宗與佛教密宗，在舉行宗教儀式和修行禪定時所用的象徵性圖形）的研究中，所導出的獨特空間概念，以及一九〇〇年代以龐加萊（Jules-Henri Poincaré）為首提出的四維概念。甚至是畢卡索（Picasso）和雅里（Alfred Jarry）等藝術家、詩人雷蒙・魯塞爾（Raymond Roussel）、我小時候看過的兒童戲劇等等……。

我在腦中將這些思考片段規畫成都市空間。對我而言，和他人交談就是在彼此的思考都市中旅行，以思維互相交涉。

2 學校裡的社會與放學後的社會是不同世界

放學後的土井同學

也許你會想問我：為什麼會想到「態度經濟」這個詞呢？這跟我至今為止所體驗到的各種住宅的用途、生活方式、社區的生態有很大的關聯。換句話說，我因為這些外在因素所得到的經濟體驗，讓我思考出了「態度經濟」的概念。

講到那些體驗，我想順便說說我小時候的一些回憶。

在我讀小學一年級的時候，有個名叫土井的朋友。他書讀得不怎麼樣，可是很會做勞作，暑假作業要做勞作時，他都能做出很棒的東西來。我記得他曾做出一個可以放入銅板的軌道，而丟進去的一元、五元、十元、一百元、五百元銅板，會掉入符合其大小的圓孔內。在下面有盒子接住，然後根據銅板的重量，電子螢幕便會顯示出合計金額為多少錢。

他的作品讓我感到相當震撼。反觀我，只是用餅乾盒子做出玩具機器人而已。由於兩種作品的構造有著天壤之別，我甚至因此垂頭喪氣，覺得自己很膚淺。不過，我也開始嚮往起那種真正高超的技術。

然而，土井在學校的功課不怎麼好，所以就算他在勞作上頗有天分，「學校社會」給他的評價也只是馬馬虎虎而已。我認為這種評斷學生的方式很奇怪，因為土井在「放學後的社會」可是十分地活躍。

我認為，學生們想發揮真本事，還是要在下課後、放學後、或是回家後，才能大顯身手。因此我決定，要在放學後做出高品質的作品。

然後，我愈來愈信賴土井高超的手藝，這種信賴是不可動搖的。就算他考試分數很低、舉止粗魯，我還是很信賴他的技術。那個會做電子存錢筒的土井，在我眼中就是這麼的光彩奪目。

學校的社會與放學後的社會

在那個時期，我覺得世界被分成兩種。一種是大家一起按表操課的「學校社會」，一種是土井能發揮真本事的「放學後的社會」。而這兩種社會卻又在學校中彼此交會。

由於我自己也有些特立獨行，所以我在生活中會刻意地去意識到這兩種社會層面。我那時沒有小看學校社會，因為我知道那是從人們對環境的麻木中產生出的封閉化體制。學校會提供大家相同的東西，只要你能在學校出的課題中過關，你就能取得評分。換句話說，學校是一種遊戲。正因為我們是參與遊戲的玩家，所以不能違背學校的規則。

因此我也試著適應用功念書的規則，我覺得這個遊戲也有好玩的部分。由於考試範圍不會超出課本，所以只要把課本全部背下來就夠了。大家都說用功念書，對我來說則是用功背書。我每天都會背課本，已經記下來的部分我就會用紅筆畫掉。只是稍微動點腦，就能在學校社會獲得好評。

同時，我也有在接觸放學後的社會。我從一年級就開始畫一部名叫《摩洛摩洛小子》的漫畫，描述一群擬人化的文具在小孩房間裡發生的故事。不過這個漫畫太過童趣了，所以我又抄襲很紅的摔角漫畫《筋肉人》，畫了一部比較硬派的《肌肉人》。我甚至還會在裡面偷藏一些「殺比死」的鏡頭。

我每個星期都會畫漫畫，累積稿量夠多時，就會模仿《少年JUMP》漫畫周刊，出版我自創的《Hop Step》。稿量愈多我就愈有成就感，因為那是我的第一部出版品，雖然只是用鉛筆畫、再用釘書機釘起來的簡單作品，但那不是只靠死背就能平步青雲的世界，而是必須獨創才會有收穫的世界。

我還模仿三麗鷗（譯註：Sanrio，創造出凱蒂貓、蛋黃哥等卡通人物的知名企業），自創「三卡麗鷗」商品。我的「三卡麗鷗」主打的是蚱蜢和孫悟空，並設計出成套信封信紙、墊板，然後專門賣給女生。雖然我都是模仿人家的風格，但我很愛那種親手創作的感覺。我以前在寫功課的空檔，會祈禱自己以後每天都能過這樣的生活。

後來，我開始將任天堂紅白機的電玩畫在紙上，創造出類似《勇者鬥惡龍》和《Childs闖天關》的紙上RPG，這在班上引起了一陣風潮。我因此覺得自己就像紅白機的硬碟，可以帶領大家玩遊戲。這讓我嚐到了一股引領眾生的快感。

我一回到家，就會和弟弟玩棒球。我們會像打職業比賽一樣，把比賽數據記錄下來（請參考拙作《東京一坪遺產》）。我們兩人總是會開心地一起創建出史詩級的棒球世界。後來，我聽說屬於垮掉的一代（Beatnik，譯註：指二戰後的美國作家世代，篤信自由主義，成員多半玩世不恭）的小說家傑克・凱魯亞克，以及阿佐田哲也先生也都有玩過相同的遊戲，這讓我感到很高興，我由此得知，每個人都會想創造出屬於自己的世界。

還有，我在學校裡曾擔任製作新聞刊物的幹部，可是我不喜歡幫學校社會編寫新聞，所以將之改編成我個人獨創的新聞刊物，在上面刊登自己原創的連載小說和插圖。

由以上的各種經驗，我最後得出一個結論，那就是：放學後的社會和學校的社會是不同的。學校社會千篇一律，而放學後的社會則隨著個人的不同，呈現出不同的樣貌。土井是我在放學後社會的好友，我們想要打造的社會雖然不同，但彼此還是能共存共榮。反觀學校社會，就只是個既單調又無聊的世界。

無數種放學後的社會

我有時在想，我從小學時代開始，就已經在做我現在寫在書上的那些事了。社會是由各種層面所組成的，而封閉化體制最容易被多數人誤以為是唯一的世界。但重要的是，我們仍可以創造出屬於自己的層面，這件事我從小時候就已經隱約察覺到了。

我發現當我擁有自我的層面（放學後的社會），我就能夠輕鬆地創造出新的工作。本來只是模仿漫畫雜誌的我，在擔任新聞幹部時搞叛變，靠自己改變刊物內容，而且還沒人怪罪我；雖然爸媽總是不買任天堂卡帶給我，讓我跟別人沒話題聊，但自創的遊戲大家反而更感興趣。

雖說如此，但我認為學校社會也不全然是不好的。畢竟人類群居時就要有某種程度的規範、法律。我們需要大家都能過關的考試遊戲，而事實上也真的有人打從心裡想要過關。因此即使我覺得學校很無聊，但卻不覺得討厭。

現在我思考新政府活動時，常常會想起小學時的事。我認為，在人生中，我們要分清楚學校社會與放學後社會的不同之處；還要知道，學校社會的生態只有一種，但放學後的社會卻會隨著個人的不同而有各種面貌。換句話說，人類生存的層面不是只有兩種，而是無限多種。

學校社會是個感覺麻木的世界，是封閉化的層面，也是社會體制的縮影。學校可以說是覆蓋整個城市的基礎建設之一，但除此之外，也有許多種不同的意識層面，世界是由無數的層面和封閉化層面一同形成的，像千層酥一般，而我們正生存在其中。

就像哲學家康德（Immanuel Kant）所說的，我們要脫離「未成年」的狀態，要理解那個麻木的封閉化社會體制，並清楚認知到其他有意識的世界，然後和各種獨立層面的同伴們互相交涉。如此一來，才能形成真正的社會。而這就是我所認為的「新經濟」（共存共榮的生命共同體）。不過，我們不需要拒絕既有的體制，只需要拓展意識的寬廣度就可以了。

現代有許多繭居族和抗拒上學的學生，這就是封閉化體制過度膨脹所造成的現象。學校社會和放學後社會之間失去平衡，讓大家誤以為封閉化體制是唯一的生存層面。繭居族創造出屬於自己的層面，但我們頑固的社會卻不承認這些多樣性。

那麼，我們該如何讓這個頑固的社會變得更有彈性呢？這可不是先喝口茶、放輕鬆就能解決的問題。我認為我們最該做的就是先思考，讓社會學會思考，才有辦法放鬆原本亂糟糟的心情。總而言之，新政府想要進行徹底的「思考革命」。Revolution of Thinking!

封閉的態度無法達成交涉

我們無法從學校社會跳躍至放學後的社會，因為學校的目的是要群聚人群，放學後的社會則完全是個人領域。

不過，放學後社會裡的人們可以互相跳躍至彼此的層面，而這也是我對交涉的概念。學校社會無法達成交涉，因為交涉是不能在封閉化當中進行的。

當你正視現狀，你會發現很多人想要推翻學校社會的生態，並藉此創造新社會。然而，那是不可能的事。因為學校社會不是個人的領域，而是一種無意識的狀態。我們不能因為自己的夢想，而去改變他人的夢想。

學校社會是無法被改變的，我們只能改變學校社會和放學後社會之間的平衡。

雖然我們無法消滅學校社會，但我們可以改變對它的認識，而那個方法就是「思考」。學校社會是無數層面中的一個，雖然它是唯一對不合理的體制感到麻木的層面，但只要可以理解到這一點，就可以取得平衡。所以，在放學後的世界更應該拓寬自己的視野。

我在學生時期會不停朝此方向思考，但總也難以逃出學校社會的牽制。

我在填大學志願時也有相同的疑惑。

由於我想當建築師，所以打算選填建築科系。但是，整個學校社會卻告訴我，東京大學是最好的學校，京都大學和早稻田大學次之。這個社會體制只會告訴我這些資訊，卻不跟我們說上哪間大學會有什麼師資。

這個體制只告訴我，我的模擬考分數可能會上哪間學校，至於其他事就不用去想了。換句話說，學校社會否定了我們的思考。

透過展現態度和「真正的資訊」接軌

我知道自己身處於多元層面之中，不可能滿足於學校社會的體制。既然在學校找不到真正的答案，我就要到外界去尋找。於是我決定前往圖書館，因為那裡一視同仁、而且並非刻意地陳列著所有資訊，能讓我找到對自己比較重要的思維和態度。

我在圖書館找遍所有建築雜誌，這種全面吸收陳列資訊的動作很重要，因為這時自己的態度將和「真正的資訊」接軌。一開始我覺得圖書館的所有資訊都很無聊，但再瀏覽一次後，卻發現了一個很有意思的人物。

他就是石山修武先生，也就是我後來的老師。學校社會的層面完全不會提供他的資訊，但我有預感，他能引導我通往自我的層面。於是，我決定去早稻田建築系跟隨石山修武先生。

只是，從我的模擬考分數來看，我根本就進不了早稻田。幸運的是，我們學校有早稻田的推甄名額。再加上其他學生都只想上東大和京大，所以我如入無人之境，沒有考試便進了早稻田。

不過，在確定入學前，我就覺得即使沒考上也無所謂。因為不管有沒有考上，我至少已經確定了我想要跟隨的人。即使落榜，我也能到東京，去石山先生的研究室應徵。再說，想到大學旁聽也不是什麼難事。我反倒覺得這樣更容易學到東西，考試對我來說不是太大的阻礙。

這種想法與行為，也就是我在思考的態度經濟。換句話說，我認為經濟不見得要賺取金錢。因為經濟原本的意思就是共同體（人際關係）、住家、生活的狀態。

我認為在展現態度前，我們要先認識周遭的所有事物，而這也就是康德所說的「勇於求知」。當你能夠意識到自己身處於全自動的封閉電車之中，就試著下車，然後跨上腳踏車繼續你的路程吧。雖然騎腳踏車一開始會有摔車的風險，但你還是必須學會騎車。

即使不斷地摔下車，我們也不能放棄學習如何騎車。但是，有一些人會忘了自己經歷過不會騎車的時期。這是因為大家習慣了已會騎車的自己，進而忘記初衷。但，在新的層面，「思考」是必要的。

不過，我們還是不能忘記學校社會，也就是社會體制所在的這個麻木的封閉層面。雖然許多人想逃離社會體制，但我認為那是很無謂的想法。畢竟有體制，我們才能建立社會。體制就像是柏油路，雖然外觀很不好看，但要是沒有柏油路、也就是沒有體制時，道路也就只是一條坑坑疤疤的泥土路而已。

沒人會覺得在泥土路上騎車是最好的選擇。與其如此，還不如在缺乏人情味的柏油路上騎腳踏車兜風。而這台腳踏車就等於放學後的社會，也就是屬於你個人的層面。每當腳踏車騎到下一個鎮上時，你就會和不同層面的人們邂逅、衝突。這樣的過程就是一種交涉。

非記名的錢和記名的錢

正式進入大學後，我又成了學校社會的成員。雖然一樣是在麻木的體制中生活，不過這次，我已能從中找出屬於自己的層面。而那個百般推敲的時期，正是我的態度經濟實驗期。

我想在學校社會展現出自己的層面，即使是作業，也想盡量做出可以永續地向世人展示的作品。不過，我的創意太單純，又稍嫌幼稚。由於這些在我以前的書裡曾介紹過，在此就不一一贅述了。

大學畢業後，我到東京希爾頓飯店打工時也一樣。我在一樓櫃台旁的咖啡廳大廳當接待，只要客人需要些什麼，我就要幫忙準備。雖然我非常討厭打工，但是我很愛跟陌生人交流，因此我也很意外自己會喜歡這個工作。

我也喜歡飯店這類場所，因為飯店體現出態度經濟。大家會因為飯店的服務態度而甘願付錢、住下來。

我漸漸地能夠找到自己的工作定位，我認為那裡雖然被稱為咖啡廳，但卻是位於飯店的大廳，因此也要提供咖啡以外的服務。基本上，只要是為了讓客人滿意而提供的服務，都在我的接受範圍內。我保持良好的服務態度，還獲得一位長期住在飯店的寡婦的欣賞。

我甚至拿到跟月薪一樣多的小費。那段期間，我的月薪是二十五萬日圓，而那位客人也給我二十五萬的小費。我非常在乎這兩筆收入，因為同樣是二十五萬，但兩者卻帶給我不同的感受。

月薪是等價支付給勞工的「貨幣」，不管接受服務的是什麼人，只要有付出勞務就會獲得薪水。但小費卻會隨著服務者當時的狀況、角色定位而有不同的價值。如此，用來支付小費的鈔票便成了非一般的貨幣，是一張已記名的貨幣。我認為這種已記名的貨幣，就像是藝術作品一樣。

我認為，要賺錢就該賺那種已記名的錢。所以我也開始試著賣畫，想要實踐這個觀念。當時的經驗使我發現，學校社會、打工社會等封閉化的層面，其實也提供創造出個人層面的重要資訊。

穿衣服的資訊跟赤裸的資訊

我認為資訊分為「穿衣服的資訊」跟「赤裸的資訊」，尤其我們人類很容易跟著表面光鮮亮麗的資訊走。

像我常常會和打扮入時的女生一起喝酒，但她們的言談沒有讓人感到新鮮刺激的地方，因為她們不過是靠「穿衣服的資訊」包裝自己而已。當然，我交友只看表面的這種習慣也好不到哪裡去。

「穿衣服的資訊」，顧名思義就是被包裝過的資訊。因為要以「被觀看」為前提，所以會刻意迎合他人。當然，這種重視外表的資訊能讓大家感到高興，可以促進人們彼此之間的交流，但卻缺乏改變社會的作用。

要改變社會是不可能迎合他人的。如果光是做他人早就了解的事，心態上就已經在迎合他人，如此反而無法達到改變社會、擴大視野的初衷。

不過，「穿衣服的資訊」能作為潤滑人際關係的工具，所以大家都會誤以為人際關係變好了，就是社會已經接受改變了。

那麼，這表示故意做一些莫名其妙的事就能改變社會了嗎？當然也不對。如前文所述，由於麻木的封閉化體制早已存在，所以我們不能輕忽它如何運作，但這也不代表我們就必須迎合它。試著在體制內取得平衡才是重點。

我說的「改變社會」，並不是創造新體制來代替既有體制。我所說的「改變社會」，其實就是「拓展社會的視野」。

因此，我們需要發現屬於自己的層面，並和其他個人層面裡的人進行交涉，這樣才能讓社會的視野擴大。

我們要擴展社會的視野，以自己的方法解讀「赤裸的資訊」，由此創造自我的層面，並以此為基礎進行交涉。而態度經濟可以在這個過程中起到潤滑油的作用。這不是要你不停地創造新事物，而是要引導大家去思考。

想要理解「赤裸的資訊」是什麼，就要把資訊的外衣一層層剝開，如此赤裸的資訊才會出現。

例如前文所說的，「高中畢業後就要上大學」、「東大是全國最好的大學，京大次之」、「要上大學就要考試」，這都是穿著衣服的資訊。這些觀念讓人覺得理所當然，跟隨這些既定的觀念，我們的社會就會對任何事都感到麻木，產生出看似強大、實則虛幻的結構體。

我們必須把那一層層的外衣剝開，接觸赤裸的資訊，因為這其中蘊藏著「思考」。要是我們無法理解這一點，就無法主動思考，創造出新的經濟模式。

至於要如何剝開資訊的外衣，取決於個人的「態度」。拿出你的態度，你就能知道自己對社會體制的接受程度到哪裡，並且清楚地發覺自己想要什麼。

就我個人而言，思考「為何要上大學？」、「為何要用考試成績決定就讀大學的好壞？」、「為何大家都想以所讀大學的名氣來決定自己的未來？」這些問題，幫助我慢慢地脫下了資訊的外衣。

接著，在決定自己要讀的大學前，我先想的是：「自己要成為什麼樣的建築師？我一定要找到值得我學習的老師。」如此，我才終於發現自己真正想要的資訊。

面對資訊、脫掉資訊外衣的方式，和你個人的態度有極大的關聯。當你能順利看到赤裸的資訊後，也就可以確實地看清楚自己的思考模式。

把資訊脫光光不會被警察逮捕的，大家就放寬心，慢慢地動手脫掉它的衣服吧。

3 我的態度經濟紀實

徹頭徹尾的態度經濟

在二〇〇四年，也就是我二十六歲時，我出版了第一本書。雖然在那之前我也有過許多作品，不過這卻是我首次向社會展露個人的想法。對於工作，我的態度始終如一。在這裡，就說說我出版第一本書的經過，還有我又是用什麼方法工作的，我認為那都是態度經濟最具體的例子。

二〇〇一年時，我從早稻田大學理工科建築系畢業。當然，我沒去找工作，所以馬上成了失業人士。不過，與其說失業，不如說我想試著獨立自主。那時我覺得，總算有機會把自己的想法展現給這個社會知道了。

不過，我不知道第一步該怎麼做。因為我既沒有人脈，也不知道自己適合做什麼。我不但沒有打算用建築師的身分去蓋房子，突然要寫一本書述說自己的想法，對當時的我來說也很勉強。我了解到自己沒有技術，雖然有遠大的夢想，卻不知道要如何實現。因此，有一段時間，我每天都過得很茫然。

當然，沒工作就沒有收入，所以我到築地的蔬果商打工，鬱卒地度過茫然的每一天。我手上只有一本書，是關於街友生活起居的兩百頁調查報告。那是一本手工製成的精裝書，同時也是我的畢業論文，在研究室中得到最高的評價。我以前在寫論文時，參考過不少論文，但那些作者幾乎都不在乎自己的論文有誰來閱讀，我真的感受不到那些論文主題的魅力，所以我開始研究寫真集。因為我相信，用寫真集的方式做論文，就能做出任何人都會想看的作品。只有做到這種地步，才能讓任何人看了都會想要出版。

於是我做出一本全開、大尺寸的現代美術寫真集。每一張肯特紙上都貼著7-11洗出來的彩色照片，而且我還在每幀照片的下方寫上解說。頁碼則是用數字印章蓋上去的。就這樣，我完成這本一點都不像畢業論文的書，是任誰看了都會訝異的「作品」。而這本書，也就是我一切工作的起點。

自己不懂的事就交給懂的人處理

之後，我繼續在築地打工。那段日子裡，我一直思考著如何出版我的畢業論文。不過，因為我不認識任何出版業的編輯，甚至不知道哪間出版社合適，於是我到書店調查。但我是個外行人，對出版的領域一竅不通。

既然如此，又該怎麼辦呢？

我求助於很懂書籍的朋友，畢竟找最懂書的人幫忙才最有效率。我當時對書籍、音樂沒有研究，只要沒有朋友的建議，就不知道該怎麼挑選。雖然我對自己的直覺很有自信，但偏偏就是沒有挑東西的眼光。因此，我把挑選出版社的事交給了解書的朋友。

我高中時，有一位女同學很喜歡看書，她常跟我說一些很有趣的書籍。所以我跟她說，我自己做了一本寫真集，拜託她幫我決定哪家出版社適合。我交給她全權處理，而且非常相信她的能力。這種處事態度，也成了我工作上的重要原則。後來，她也成為新政府的出版大臣。

過了一段時間，她告訴我：「我想只有Little More會願意出版你的書吧？」她簡潔的這麼對我說。我心想，既然如此，那事情就好辦了。於是，我立刻打電話給該出版社。

只是，日本的出版業也很不景氣，沒人想幫我這個莫名其妙的傢伙出書，而且還是關於街友起居的調查書。所以雖然我打給人家，但是接電話的人卻不感興趣。但我不打算就此放棄，所以我又打了一通電話。既然我朋友直覺認為只有這間可以，我就要再試一次。而這次對方告訴我，他們年底沒空處理我的書。我又繼續問他們，什麼時候才有空，還說是因為朋友告訴我只有你們才會出版這類書，因此拜託對方一定要抽空看看。

結果，對方終於告訴我，過完年後就會有空檔，到時就能討論出書日期。

然後，我把我的書拿到出版社請他們過目，而他們也馬上決定出版此書。後來，這本書從作業到正式出版，花了我們一年的時間。

跟出版社談生意

正因為我是第一次出書，所以很多事情都不懂。後來我問一個懂攝影的朋友，才知道寫真集的成本很高，出版社不怎麼喜歡出寫真集，因此不少寫真集的作者都會自願版稅折半。但是我不想這麼做，因為我要是擺出低姿態，出版社絕對不會用心賣書；若是他們不在乎這本書，就不會盡力幫我出版。因此我要展現出敬意，讓對方知道我重視他們。

所幸 Little More 很欣賞我和我的作品，該社社長孫家邦先生曾對我說：「你以後會成為大人物的。」當然，我也覺得自己未來一定會做出一番大事業。

雖然我只是一個剛接觸出版的生手，不過在我心裡早已認定自己是新政府的行政院長了，因此我不想自貶身價，也不想和出版社形成主從關係，我覺得一定要和他們處於對等的位置。

出版社跟我說，兩百頁全彩寫真集的印刷成本很高，到時價格會定在每冊三千三百日圓。但這個價錢很有可能會讓書賣不出去，我想，要是我因此主動降低版稅的抽成，就無法和他們保持對等關係了。

我朋友說寫真集和一般書籍不同，一般書籍的作者通常都是抽百分之十的版稅，但寫真集因為成本高，所以作者大多只抽百分之六。但我覺得這樣對我不利，這個時候就該把自己的主張說清楚。

於是我對出版社說：「我只是初出茅廬的生手，所以初版三千冊的版稅，我不抽成好了。」

我先下手為強，主動放棄九十萬日圓的版稅，作為感謝出版社幫我出書的回禮。因為在出書這件事上頭，我沒有什麼風險可言，我只是想要出書而已。

不過，這種話只有生手才會講。如果簽約時從頭到尾保持生手的想法，那我永遠就只能當生手。

因此我又提出一個要求：「如果初版的三千冊都賣完了，那麼二刷開始我就要抽百分之十的版稅。」

而社長也答應了我的要求。因為他很確定我會變成大人物，所以馬上就了解我的意思。

「絕不退讓」戰術

就這樣，我以不抽初版版稅的方法來維持自己的態度，這後來也成為我重要的簽約方式。

就因為我不抽版稅，所以更容易和出版社談其他條件。由於我認為我的寫真集在日本一定沒有銷路，因此我希望出版社能幫我附上英語翻譯，如此才易於在世界上流通。我說不抽初版版稅，是因為我很確定自己的書有賣到世界各地的實力。如果我的寫真集沒有這樣的實力，那找人出版就沒有意義了。

但出版社反對我的提議，他們說兩百頁的翻譯費用很高，成本也會再增加。一般情形下，很多人會放棄初衷，但是我很肯定自己的書會暢銷世界，基於這樣的妄想，所以我不想退讓。

我很常使用「絕不退讓」戰術。雖說是戰術，但這招我主要是用在自己身上。人其實很容易放棄目標，因為堅持初衷很累，但輕易放棄就無法完成我的使命，所以我必須嚴格地控制自己，為自己製造出破釜沉舟的決心。

我問出版社，願意出多少錢找譯者？也許他們當時也覺得在書中加上外文會比較好，所以他們開口說出「五萬日圓」這樣驚人的低價。

那麼，我又如何回應呢？

我只是笑了笑，記下需要五萬日圓就離開了。反正我只要找到譯者就可以了。由於我弟弟在青山學院大學念法文系，因此我很肯定他認識很多想當譯者的人才。接著我打電話問他：「你身邊有沒有英文系的朋友想當譯者？翻譯費用是五萬，雖然錢很少，但書上會印他的名字，而且那本書也會賣到國外去。要在兩周內完成，而且最好還要有校潤的能力。」

我跟弟弟說完條件後，立刻就有人願意在數天內、以五萬日圓的酬勞翻譯完那本寫真集。我這個事必躬親的人，在發現自己能和出版社的頑固體制打交道後，總算看到了願景即將實現的希望。

自己到國外行銷

關於出版的事還沒結束。由於不抽版稅，讓我有機會為自己的作品附上英譯。不過，我又向出版社提出要求。我告訴他們：我想擔任這本書的在海外的行銷負責人。聽了我的要求，出版社先是嚇了一跳，因為他們以為我在伸手要機票錢。但行銷這檔事，對我而言也是讓自己去各種國家看看的機會，所以我不打算跟出版社討錢，我只是希望他們能讓我代表出版社到國外推銷書籍而已。

畢竟我是自費出國，所以出版社接受了這個要求。接著，我馬上帶著書飛到巴黎。在當地考察巴黎的藝術、建築書店，也到龐畢度美術館去看看，親身感受當地人對藝術的鑑賞力。我不是用自己的錢出國旅行，而是自費出國工作，這個經驗真的讓我很快樂。我有目標的出國，見識到了當地文化，也遇到了一些人。接著，我慢慢地加快腳步，甚至還去到倫敦。

此外，我在巴黎認識一位藝術策展人，沒想到他馬上就幫我安排個展。如果你在日本搞藝術，只要沒名氣你就紅不起來，但歐洲卻恰恰相反，他們比較重視沒沒無聞的藝術家，因為這樣更有衝擊性。

後來我先回日本一趟，接著自費參加號稱世界最大的法蘭克福書展。我委託印刷廠在展場上陳列我的作品，並且在展場中到處奔走，和各個廠商談生意。

多虧書展的幫助，紐約近代美術館MoMA決定展示我的書，因此連加拿大的溫哥華州立美術館也打算舉辦我的個展。在日本，雖然我認為要展現自己的想法給社會，出書才是最好的方式，但到了國外，卻發現原來還有各種不同的門路。如今，加拿大已經視我為一名現代藝術家了。

我在簽每一份合約時，都會從自我的層面決定審視，並不是沒有思考地蓋下印章，而是將每個細節都視為可敬的神明。我慢慢地把自己的態度傾注於工作中，讓自己的想法擴散到全世界。

正因為我不抽版稅，反而可以抱持自己的使命感工作。雖然我還是沒有任何收入，但這是我的蟄伏期，因此我不在乎收入的問題。重要的是我得集中注意力，好讓全世界都知道我的存在。

我的畫要賣多少錢

此外，我還有經手其他生意。二〇〇六年時，我在溫哥華州立美術館的個展上，賣出了一張照片。比起賺小錢，我個人較重視態度，因此我把賺來的錢全部捐給美術館，而我也因此知道了一些專門購買美術品的收藏家。

後來我把自己的作品捐給很多機構。為什麼我要做這種不能賺錢的事呢？因為這樣可以讓我感覺到有收藏家正在收集我的作品。只要我能確定有人會花錢買我的作品，我就會感到快樂。

而且，收藏家多少也會想了解自己買下的作品由什麼樣的人創作出來的，所以後來有人寫電子郵件說想要跟我見面。這個人名叫傑克・阿德勒，是一名實力堅強的律師，他甚至表示要親自到東京來見我（順道一提，二〇一一年時，傑克當選加拿大寶雲島市長，後來寶雲島也成為新政府的友邦）。

結果，他還真的帶著太太到我家來作客。當我聽到他們住在東京半島酒店的總統套房時，我真的嚇到了，趕快請太太盡量做出合他們胃口的晚餐。他說他看了我的寫真集後，感受到比我當時還要深的感動。這個感想讓我差點哭出來。

在聊天的過程中，由於傑克說自己坐在榻榻米上腳非常痛，所以我請他坐在床上。此時發生了一個奇蹟。他從床底下抽出一張畫，那是我在心情鬱卒時畫的素描。傑克看了，先是說「厲害」，然後又說「我想要買下這張畫」。由於我從未直接賣過自己的作品，所以那一瞬間我愣住了。傑克繼續問：「你要賣多少？」但那時我滿腦子都是：我該如何是好？

我當時在想，如果這張畫能讓我和太太得到兩個月的生活費就好了。我們的生活費一個月大約二十萬日圓，再額外多個五萬會更好。雖說我的算法很粗糙，但兩個月有五十萬的話，就可以過得輕鬆一點，因此我把價格定在「五十萬日圓」。我當時完全沒有「藝術界是如何賣畫」的概念。

我告訴傑克：「這幅畫算你五十萬日圓。」而傑克也說這個價錢剛好和他想的差不多。然後，他當場買下那幅畫，隔日就把錢匯進我的帳戶裡。這是我第一次賣自己的畫，而且我比首次拿到稿費時還要高興。

錢的有趣之處

我在賣畫的時候，都會覺得緊張。因為價格不能亂定，一定要想清楚，也不能被行情牽著鼻子走，否則我的作品可能只值五千日圓。我常常告誡自己，被牽著鼻子走的人，這一生就只值這種行情，所以我要保持自詡一流的心態。

很多畫家還沒成名時，一張畫賣五千日圓，成名後就會漫天開價，開到十六億等等。但我秉持的態度經濟不會這麼做，若我要賣五十萬，就算到死，我還是會堅持賣

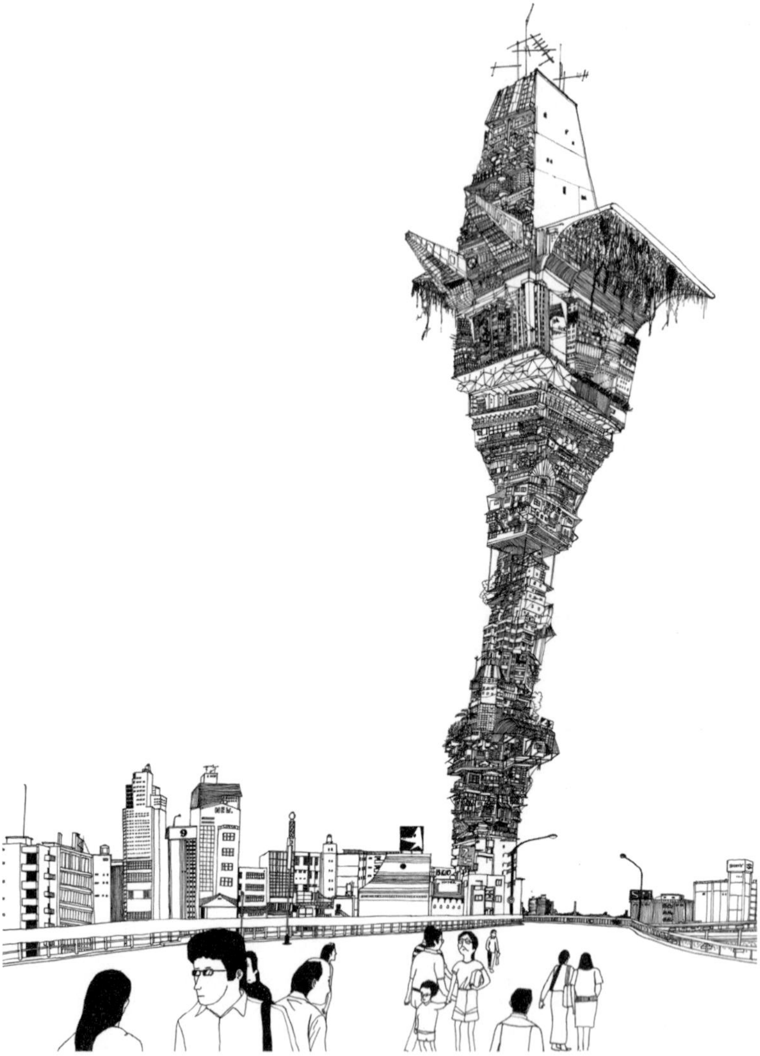

我第一次賣出的素描畫作。

五十萬。我就是這樣生存的，不管現在還是以前，就算我活到九十歲，我還是會開出一樣的價錢。

收藏家有一種習性，那就是他們會想要直接和藝術家打交道。他們真的會去想像藝術家本人的個性是如何，這和黑胡椒的交涉如出一轍。所以要是我定在六十萬，可能就會賣不出去；但定在十萬又會讓我沒動力賣畫。不論高價還是低價，喊價的瞬間我都會很緊張。我將這個過程稱為「直覺上的對價關係」。

這和我在飯店收到小費時不太一樣，這筆錢是出於「直覺上的對價關係」，不是靠勞動獲取，是對方因為直覺喜愛而掏出的錢。我覺得這種將錢付給「直覺」的行為真的很棒。

雖然我老是嚷著零元零元的，但我並不討厭錢。我認為錢也有一些有趣之處，只是我們必須改變原本的對價觀念。我希望的是勞動不再成為對價關係中的交易條件，而是我們願意主動對彼此付出。

無論如何，我在二〇〇七年的夏天前賺到五十萬日圓。當然，我也繼續在希爾頓飯店打工，因此我的存款已經有兩百萬日圓了。雖然我在二〇〇六年結婚時，帳戶的存款是零，不過現在生活終於上了軌道。雖說如此，但接下來我暫時沒有別的計畫，既沒有任何專欄連載，也沒有工作方面的目標。

簡潔地展現自我

我的工作常是因為一些緣分而開始。有一天，《AERA》雜誌的總編輯矢部萬紀子女士約我出來吃飯。如前文所述，我曾在二〇〇四年出版第一本寫真集《零元住家》，而矢部萬紀子女士是唯一給予好評的業界人士，而且她還安排我上《周刊朝日》的專訪。當時她對我說：「你擁有出類拔萃的想法。」所以她比我自己更確定我的實力。

她約我見面，肯定有什麼事情要跟我談。當時我正好遇見隅田川的鈴木先生，所以我想跟她說說鈴木先生的事。不過，即使這個故事再怎麼好，沒有事先做好準備，也無法確實的傳達出我的想法。好在我很愛練習，所以在家裡我就一直碎碎念，不斷模擬自己和矢部女士吃飯時的狀況。

也因此，她也覺得鈴木先生的生活創造了「新經濟」的奇蹟。於是她委託我製作五頁的專欄特輯，而且也願意付一般行情的稿費給我。換句話說，她把我視為作家，並且對我表達出她的敬意。

我受寵若驚，興奮到不能自己，甚至因此一天寫出二十頁的稿件。矢部女士看完原稿後也很高興，隔周出刊的《AERA》便一字不漏地刊出了我寫的文章。

後來大和書房看到那篇專欄文章後，跟我說他們想把鈴木先生的故事寫成一本書，甚至還有人跟我提出拍電影的計畫（後來的二〇一二年，鈴木先生的故事真的在全國各地的電影院上映了。導演是堤幸彥先生，片名叫作《MY HOUSE》）。那些奇蹟般的工作委託就這麼來了，所以我也爽快地答應了他們。我心中有股預感，認為好的發展正在醞釀之中。

之後我去大和書房與總編輯見面。那位總編以前在講談社經手過《小拳王》的編輯工作，我一看就知道他是一位幹練的編輯。

他一見到我馬上就說：「你這人滿特別的嘛，那個故事你有能力寫他個三百頁吧？」我也學著他的調調說：「我想寫的東西有一堆，所以應該能寫三百五十頁吧？」

然後我就接下了寫書的工作。

回家後我對太太說：「我跟別人說好要寫書了。」還說：「我打算辭掉希爾頓飯店的工作。」結果有些出乎我的意料，她爽快地說：「那樣很好啊。」我這個人從來沒寫過書，也不知道自己在寫作上有多少斤兩，卻在一夕之間成了作家。當時是二〇〇七年七月，然後我還成立了坂口恭平事務所。

當時我有兩百萬日圓的存款，沒有專欄連載、也沒有工作，有一本書的寫作，還有如夢似幻般的電影計畫正在進行。而在我辭掉打工時，太太也正好懷孕了。她的工作主要是珠寶設計師，她也想要自己出來開工作室，所以一起把原本的工作辭了。換言之，當時我和我太太都沒有收入。在夫婦倆都沒工作的情形下，我這個只有兩百萬存款的飯店小弟，每天都在凌晨五點開始敲打鍵盤，帶著愉快的心情，踏上三百五十頁的筆耕之旅。

我一直都會在自己的個人網頁上寫日記，上面會詳細記載當天和誰見過面、做過什麼事、讀過什麼書、聽過什麼音樂，而且這也是我對外宣傳的唯一媒體。我知道自己的書賣得不好，在國外辦的個展也沒有被日本大眾注意到，不過我依然會寫網誌。

雖然我稱它為「對外宣傳的媒體」，但其實一天有三百人的點閱率就該偷笑了。即使如此，我每天都還是會先寫再說。由於我寫得很詳細，所以我認為就算讀者不認識我本人，也都能知道我做過什麼事。後來，漸漸地有了一些會追蹤我的網誌的網友，我不只和他們見面，也試著把自己的想法詳細地傳達給對方。

其實，我不想被別人以為我是街友研究家，但我又很煩惱，要是只顧著把年輕時一團亂的想法陳述出來，大家說不定會看不懂。但最後我還是得出結論，告誡自己：「就算腦子裡有一堆沒整理好的想法，還是要盡可能地簡單陳述。」當我出版《零元住家》後，也許會有被大家貼上「街友專家」、「街友愛好者」標籤的風險，但我還是特地陳述了當時研究街友生活的過程。反正，我有信心能透過簡單的解釋，讓大家理解那些複雜的事。

在那個時期，我還創作音樂、畫畫、拍照，我認為那段日子的經歷，讓我現在演講時有足夠的主題可談。只是，我個人的處事態度無法完全靠那些媒體表達出來，我認為有必要把自己對整個世界的思考給記錄下來。為了避免遺漏，網誌就成了那些渾沌思緒的載體。如此一來，我的態度才能保持平衡。

由於我在網誌上透露出自己是如何思考的，所以我也把網誌作為宣傳思想的工具，用以展現出我就是在多元層面中工作的。我不以宣傳自己的資訊作為交涉手段，而是單純的用網誌將自己的思考具體化。簡單地說，網誌只是我向世人展現態度的媒介。

當然，網誌不能幫我賺進任何一毛錢，但這麼做能整頓我個人的心理狀態。

擬定計畫，嚴格遵守

總之，我目前一定要處理完的工作，就是寫出三百五十頁的原稿。我的存款有兩百萬日圓，我們夫婦一年大約花兩百五十萬，所以那些錢不夠我們花一年。

不過我一點也不急，反而覺得可以將所有時間用來做自己想做的工作，是值得高興的事。這種工作經驗是我人生中的第一次，同時也是我小學畫漫畫時，就一直在追求的感覺。

我在任何時候都可以開工，只要做自己喜歡的事就好。這時我感覺到，自己終於站在社會的起跑點上。我認為人類就該像這樣工作，雖然我還沒賺到錢，但我依然希望自己能不斷進步。那時距離二〇〇一年大學畢業後已經過了六年，我覺得這個時機來得剛剛好。正因為我想從事那些工作，所以才願意去完成它們，而且我也相信自己辦得到。過了六年，總算讓我等到這個好時機。

只是無論我多麼相信自己，都無助於動手寫作，畢竟稿子是不會自動完成的。再說，懷孕中的太太也顯露出些許不安，所以即使我沒有任何寫稿的頭緒，還是要靠著一股毅力堅持下去，然後一排排文字、由左至右地寫出來。

當務之急就是擬定好工作計畫，幸好我本來就是個計畫魔人。我的計畫很簡單，如果我全心全意認真工作，一天可以寫二十頁。那麼我就把一天的工作量設為這個標準的一半，如此就可以長期持續寫稿。我第一次幫《AERA》寫書時，一天會用掉二十張稿紙（大約八千字），因此我定為標準的一半，一天盡量寫滿十頁，要寫出三百五十頁，需要三十五天。

因為我習慣早睡早起，所以不會在半夜趕工。我每天都會從凌晨五點開始工作，不吃早餐，一直寫到中午十二點。這樣一來，我每天就工作七個小時。過了中午，我就會停下工作。由於我這個人腦子裡的想法太多，所以即使想努力專注，心裡還是會想別的事。到了下午，我就會將時間用在處理瑣事上。

我的工作從二〇〇七年七月正式開始，我雖然每天寫，但不會逼自己一定要寫到十頁，只是一定會堅持每天寫七個小時，並且寫到中午。這種工作方式很適合我，就算我有東西還沒寫完，我還是會在十二點休息。我覺得這種用時間管理好自己，不是為了工作而調配時間的方式很棒。

後來，照著這種步調工作，我慢慢發現自己一天可以輕鬆完成十頁。這真的很奇怪，明明我就沒有寫作的經驗。後來我才發覺，這可能是每天寫網誌練就的功力。我回頭看看網誌的字數，沒想到我每天都會寫出十頁的份量，有時甚至還會到達二十頁。若是把這些字數全加起來，我其實早就寫了數十萬字。

網誌就是一種日記，每天寫就會在不知不覺間練出長期寫作的實力，所以我才能輕鬆地寫書。後來我看了網誌，發現自己是在二〇〇七年八月二十日寫滿三百五十頁，幾乎完全符合我預想的三十五天。

寫好後，我就把原稿寄給大和書房，幸好他們給予正面評價。或許因為以一個生手來說，我寫的還算不錯吧？編輯除了挑出錯漏字，其他的都沒有修改，只是擬好大標、分好章節，就排版了。就這樣，《在東京住零元屋，過零元生活》在四個月之後出版。

我的年收入漲六倍了！

之後，我固定會在早上寫書，到下午就開始繪製素描。由於傑克這一類的收藏家會用五十萬日圓買我的畫，讓我發現有賺頭，所以我積極地想畫出新作品。正如前文所述，我不希望大眾只當我是街友專家、零元屋達人，所以我每天都一點點地畫出新作品。

然後有一天，我參加一個朋友的聚餐。在那時，我認識了一位住在京都的美術館負責人。由於我把零元屋、南方熊楠、杜象（Marcel Duchamp）、富勒（Buckminster

Fuller）混在一起說明，讓他對於從空間概念中衍生出的思考都市產生了興趣，進而引起他對我的注意。

然後，我不經意地說到之前有個叫傑克的加拿大人買下我的素描畫，那個人聽了，便對我說他也想買。我回應：「我一律算五十萬，那很貴的。」他則很確定地說：「我就是要買！」於是我就把兩張畫到一半的作品賣給了他。

到二〇〇七年九月為止，從傑克手上賺來的五十萬，加上雜誌《AERA》的稿費二十萬，和京都某間美術館的五十萬，我一年總共賺了一百二十萬日圓，年收入一口氣漲到六倍。而且這三個工作都沒有耗費太多成本，只是和這些人見面，並且進行交涉而已。拿出態度辦事，就會有好結果。

不改變自己的態度

那個時期，有個在溫哥華的非營利畫廊工作的朋友跟我說，他想籌募畫廊的營運資金，因此很希望能拿我的作品去義賣。而我也很乾脆地把自己最喜歡的畫寄給他。

在這個時期，一般情形下，我並不會將自己喜歡的東西免費送人。的確有一些出版品會在拍賣會上競標，但是，我認為這樣做無法讓作者受到矚目。但義賣就不同了，即使錢不是賺到自己的口袋裡，只要有人甘願花錢買下，這種態度就可以讓我感受到別人重視我的價值。

所以我才願意把自己最喜歡的作品寄到溫哥華。這幅畫聽說賣了四十萬。當然我沒收到這筆錢，但我知道得標者名叫里克。最值得一提的就是，里克還是一個專門收集安迪・沃荷（Andy Warhol）作品的收藏家呢。

我從這次的經驗中得到一個啟發，雖然以往我都會盡量推掉這類拿不到酬勞的委託，但沒想到其中也可能藏有會讓我感到驚喜的發展。當時的那個義賣，我提供了自己最喜歡的作品，但不管酬勞是零元也好，五十萬元也罷，太計較金錢的話，初衷就會因此有所改變，讓自己原有的態度出現破綻。

我並不是因為作品能賺五十萬而高興，而是因為可以由自己決定五十萬日圓這個價格。這是我自己所創造的層面，因此我才會開心。要是我搞錯了賺那五十萬的初衷，就會讓我的態度經濟出現破綻。

這個世界上就是有那樣的層面，在那裡會有人願意花五十萬日圓買下我的畫作。就算錢不是真的賺進我的口袋，我也樂於替那個層面工作。

進行交涉時

所謂的態度經濟，是以清楚的觀點掌握全世界的多元層面，並在各個層面游移，不但以行動實踐自我的層面，也和各種人、事、物進行交涉。而這一切全看你是否能憑著自己的層面展現出自己的態度。自我的層面和社會的優劣觀感、階級無關，它是眾多層面裡獨一無二的一種生存方法。

我跟傑克進行交涉，他以五十萬日圓購買我的畫作，畫作的價值不會反映在現代藝術界、美術館、知名度、繪畫年資、業餘畫界等各種層面上，只會反映在獨一無二、同時也是屬於我個人的經濟層面上。因為一幅畫該等於我兩個月的生活費，這是由我自己決定的。

當然，也不是完全不會影響到任何其他層面。我和傑克之間的交涉，也反映出傑克的想法。換言之，傑克也有屬於自己的層面，當我們打破封閉化的禁錮，跳脫各自的層面互相交涉時，態度經濟就會因此散發出更耀眼的光芒。這就是我所謂的「交涉」。

封閉化的社會體制，跟個人的獨立層面，就算頻繁交會，也很難產生共識，只能算是「移動」。只有非封閉性的獨自層面互相結合時，才會出現「交涉」。因為擁有獨自的經濟模式（生活方式）的人會從態度中感受到彼此，進而產生共識。

還有，非營利美術館的負責人為了義賣，希望我免費提供作品的行為，也是一種「交涉」。因此我提供自己最喜歡的作品，而美術館負責人也將這個作品介紹給眼光獨到的收藏家，最後再以四十萬成交。這就是態度經濟產生的價值。我要的不是賺取錢財，最重要的是從中感受到的態度。

如果我因為賺不到錢，而拿出最沒價值的東西去拍賣，就會變成封閉化的經濟。我認為我們應該杜絕這樣的想法，要以自己的、不受封閉體制影響的態度展開行動才對。當我覺得拍賣有其價值時，即使賺不到錢，我還是會告訴自己，從中獲得的是最好的成果。如此一來，對方才能感受到我的態度，進而讓態度經濟開始運作。

省去互相理解的階段

即使是微不足道的委託，但如果本質上是有趣的事，就該用自己的態度去應對。比如有人委託我寫兩頁稿子，但假若我自己以態度衡量過後，發現有必要寫到十頁，那我就一定會寫十頁。若對方能從中感受到我的態度，態度經濟就會開始運作。

只是我們不能任意妄為。基本上人類是無法互相理解的，因此才會形成一個封閉化的層面。

由於人類無法互相理解，所以才會「察言觀色」；正因為無法互相理解，才需要彼此觀察。封閉化的社會體制若是沒了「察言觀色」，大家對於這個體制就會失去向心力，進而讓整個體制瓦解。但個人獨自的層面就不同了，它處於真空的狀態，每個人都可以在沒有引力的狀態下，跳脫出來和不同的層面互相交涉。

當每個人擁有獨自的態度層面後，就可以省去互相理解的階段。因為他們都知道，彼此活在不一樣的層面、有不同的生存方法。但是，他們還是有辦法感受彼此。即使尚未理解，也能夠認識到彼此的層面，這是因為彼此已經表現出各自的態度。但在封閉化的層面中，我們無法如此做，因為我們習慣「察言觀色」去理解他人的態度。

除了第一次跟 Little More 接觸以外，我不曾在任何場合展示、推銷自己的作品，因為我沒有必要這樣做。如果我追隨封閉化的體制還有他人的層面，隨波逐流，我個人的態度經濟就會產生動搖。

相對的，我會盡量約別人見面。只要彼此能敲定時間，我一定會出門去見對方。我認為這樣的生存方式很不錯，而「日常」的表現更是展現自我態度的好時機，所以我會積極與人見面，和他人交涉，之後再把過程寫在網誌上，公開給大家看。展現態度是我日常生活中一直都在做的事。然後到了二〇〇七年，我的態度經濟終於開花結果了。

在賺到一百二十萬日圓後，生活勉強過得下去的我終於寫完第一本書，而且也賣出了素描畫。我開始計畫下一步，這時正好又有一位編輯約我喝咖啡。我們見面後聊起我剛完成的書，那位編輯便建議我下次也幫他們寫寫看小說，因此我馬上接下了寫小說的工作（即《隅田川的愛迪生》一書）。

之後，一位在倫敦認識的編輯也向我邀稿，他邀我在《Spectater》雜誌寫專欄。還有，曾讀過我網誌的《Coyote》雜誌編輯也和我談定，要請我寫搭公車旅行的專欄。最值得一提的就是，二〇〇二年我在夜店認識的女孩，現在成了出版社編輯，她居然也找我寫《ecocolo》的專欄。

雖然這些工作的稿費一個月大約只有兩萬，不過我認為用專欄持續報導一個主題算是很重要的工作，因此全都答應了。在二〇〇七年底，我的年收入有一百二十萬元。此時我開始寫第二本書，手上也有三個雜誌專欄。我以自己的工作方式，讓年收入超過一百萬日圓。我記得當時我和太太還因此高興不已。

我就是像這樣，以各種方法實行自己的工作，而這也是把我腦海中的思考都市加以具體化的成果。我還利用「態度」這個潤滑油，和大家互相交流。

目前，我主要的收入有：版稅、雜誌、報紙的稿費、電影原作的版權費、公開演講的出席費、美術館的展覽費、賣素描畫的錢等，有各種可賺錢的管道。我漸漸不在乎自己的定位在哪裡，自己又算是什麼身分。對我來說，最重要的是如何用我的態度，簡潔地表達出我複雜的思維。

這就跟住在河邊、靠著身體力行慢慢打造出居住空間的街友們一樣。我只要做好自己想要做的事就夠了。而且我也把這種觀念化為工作，進而成為態度經濟的基本理念。

有這一切的成果，是因為我做我自己。

第四章　創造的方法和人類機器論

Chapter 4

1 創造的定義

人生無法重來

人生無法重來，所以眼前我們最大的課題就是，我們想在當下做什麼？在這個緊湊的人生中，我們該如何是好？我們要如何才能避免盲從，成為一個徹底獨立的人呢？

雖說我認為我們該放棄核能發電，但我認為這麼做的同時也代表放棄政府、放棄社會。因為我們不讓社會瓦解，銀行、政府就不會跟著倒閉，而核電廠也就不會消失（雖然我也不確定是否真的需要付出這麼大的代價）。所以我想反問各位：換成是你們，有辦法對整個社會痛下殺手嗎？

至於我，我很肯定自己絕對做不到。

所以，我才會創造不同層面的新政府，也才會遷居到熊本。目前我們的政府不會垮台，就算執政黨換成民主黨、自民黨、共產黨，我們的政府也不會有任何改變，而美國也不會特地為我們而改變。所以，我才會起義。一場名為無視的起義，一場名為逃避的起義，一場名為獨立的起義。

我認為年輕人應該要親自開拓江山，不要等著他人幫你打點好一切，自己動手做最重要。

你們要睜大雙眼，看清楚那些尸位素餐的政治家。三一一大地震時，那些有經驗、有錢、有資源的大人物，本該要第一時間展開行動，結果我打電話向他們陳情，但就是沒人願意積極伸出援手。我絕對不會忘記當時他們的態度。

會擔憂輻射災害影響的，大多是和我同年，或更年輕的人們。我很欣賞年輕人有這種強烈的直覺，我認為這才是讓社會進步的關鍵。

我們不需要任何特定的思想，只想知道什麼危險、什麼不危險，以及有能力警告他人遠離危險，並且能對有困難的人伸出援手。

我認為年輕人就該顛覆迂腐老舊的社會體制。就像天草四郎發起島原之亂時，年僅十六歲；坂本龍馬和高杉晉作也是在二十多歲時就成為無人不知的領導者。若考量到現代義務教育時間比較長，現代的年輕人至少也該在滿三十歲後闖出一片新天地。等到超過四十歲了，就該轉為提供資金，讓年輕人團結、行動起來的幕後人員。讓一代接一代的年輕人活躍在社會上。

年輕人要思考出屬於自己的新經濟，只要每個人都勇於實踐自己的想法，我們的社會就一定會有所改變。

自己想做的事並不重要

我有一次跟大學生聊天，發現他們很喜歡說：「我以後想做某某事。」其實，年輕人在這樣的想法中很容易會錯意，因為你「想實現的願望」，對社會來說可能不是必要之舉。於是我反駁他們，叫他們要做喜歡的事就回家去做。你想靠做自己喜歡的事過活？你當這裡是無人島嗎？藝術可不是光靠「自己想做的事」就行。

也有年輕人會說：「我在思考自己要做什麼。」但我認為這種講法，就像他們從未思考過一樣。跟這種人說話，實在無法從他們身上發現任何可能性。我很不欣賞這種人，因為他們根本不會有任何成果。

年輕人應該忽視「我想做某事」的感覺，而要有「我不做這些事，就沒人會做」，也就是那種捨我其誰的使命感。每個人都一定會有只有自己才能成就的事，這是必然的。我們不是常說人類是思考的動物嗎？既然如此，我們就該思考。你想做自己擅長的事，那只要思考就可以了。只要思考，就會知道該如何表達。

我立志要當一個建築師，而去讀大學後，我問過老師和專家：「為何我們要一直蓋這些無聊的東西？」

但每個人都回答我：「沒辦法啊。」所以我才會覺得：「唉……這些大人都成不了事，總有一天我一定要說出自己的意見，否則無法改變現狀。」

我年輕時想的就只是這樣。換句話說，我的動機不是「做自己喜歡的事」，而是更實際的動機。當時，我覺得讓那些大人抱著得過且過的心態過活，以後我們的社會將會變得更慘。也許把我的感覺說成使命感略顯誇張，但至少這是我認為自己該為社會做的事。

應該很多人小時候都看過《壁櫥的冒險》、《我爸爸的飛龍》，或《綠野仙蹤》吧？我小時候也對這些故事的寓意有印象，但為何大家都忘了這些故事的寓意呢？

年輕人該弄懂的不是自己想做什麼，如果誤以為這種想法是對的，社會以後會變得很亂。我常看到某些人會炫耀自己念書時：「我以前有那些成就喔。」這些個性有點古怪的人，到最後在社會上什麼都不敢做，什麼都不敢講，遇到事情只會縮起來發抖，成為大人後甚至會直接逃避自己不想做的事。我認為他們是很可悲的一群人。

所以，我勸各位年輕人，不要想著實踐自己的願望，而是要實現社會的願望才對。

這才是我們老早就該做的事。

創造就是質疑萬事萬物

還有一個重點，那就是對任何事都要存疑。這種心態能助你生存下去。若你出生至今都不曾質疑過任何事，那麼我建議你最好馬上去大企業應徵，乖乖聽別人的命令過活吧。我認為這種人也不會在意核電廠對我們有何影響。

但如果你真的會「質疑」各種事情，那就恭喜你還有求生的機會。現在，請你試著將自己的質疑轉化成「問題」吧。

我把將「質疑」化為「問題」的過程，稱為完全獨特的「創造」。創造指的不是美妙的繪畫、旋律，創造不等於那些事物，而是「你覺得這個世界有哪些可疑之處」。

那麼，為何我要把將此稱為「創造」呢？

首先，我們是人類，活在社會、城市之中，而且很多人都在同一體制下生活。大家好像是活在單一的層面中，所以我們以為這一切不需質疑，而且這個世界也很和平。但事實上，那不是屬於你自己的體制，那只是封閉的社會所創造出的封閉體制罷了。若你要問那個封閉的體制是被誰創造出來的，我的答案就是，我們對體制的麻木造就了這一切。

我們在不知不覺中，對原本只有些許封閉的體制麻木了，以為封閉化的體制才是一切，久而久之，便創造出極度封閉的社會。當然，適應封閉的體制能讓生活比較輕鬆，因為在封閉體制下，我們已經麻木到不需要思考了。

但是，這不代表這是和平的體制。在這種體制下，往往會有人被社會忽視，或是生活上有麻煩卻無人救援。因為大家疲於關心弱勢，所以寧願創造出階級觀念、創造出一個眼不見為淨的體制。然而這個體制並不屬於你，你只是被強迫待在裡面生活。雖然這種生存方式很亂來，但卻又會讓生活變得很輕鬆。

所以，那些體制可說是自然產生的。畢竟，只要稍微忍耐一些不快的感受，大家還是能輕鬆地生活。就算看到社會上正發生詭異離奇的事件，但既然當作沒看到就能安穩的過一天，大家也就樂於忍受封閉的體制。但千萬別忘記，那不是屬於你的體制，而是大眾在漠視各種事物後約定俗成的體制。

所有人在無意識中塑造出這種封閉化體制，所有封閉體制下的法律、都市、學校、結婚制度等等，都出自於我們的麻木。正因為麻木了，所以就算我們伸手去摸、用眼睛去看，也都不會發覺任何異狀。這就是我們目前的生活，幾乎每一個人都對自己的生活感到麻木。

麻木是一種很可怕的感覺，因為它會讓人喪失思考能力。我們要有「質疑」的精神，去思考「這是什麼」、「為何如此」。當你可以質疑萬事萬物後，就會覺得自己必須捨棄在體制內麻木不仁的生活態度，想要開始尋找擁有自我意識的人們。這就像科幻電影中的發展一樣。我就是抱著這種感覺在都市裡走動，試著尋找不同層面的人們。

我也是抱持著這樣的想法，在隅田川發現利用太陽能發電的零元住家。我徹底地質疑他的生活方式，然後產生出一股想法，進而用屬於我個人的體制打造出新的生活，這也就是我所說的「創造新經濟」。這一切，都是我從那位零元住家的所有者身上學來的。

在那個時候，原本冷冰冰的「質疑」，開始成為具體的「問題」。例如：「什麼樣的居住方式才算是有意識的生活？」、「什麼樣的建築才算是懂得自律的建築？」。之後我所有的工作活動也就此開始。接著，我把自己所質疑的那些體驗製成書籍，那是一本不是由我自己所「創造」的書。唯有將「質疑」轉換成「問題」的瞬間，才是屬於我真正的「創造」。

請各位用有意識的態度，重新檢視自己的周遭。雖然你不會因此而感到輕鬆，甚至會緊張得冒冷汗，讓你想哭、想死、恐懼、想逃避、孤單受驚，但你在這個時候會需要試著追尋某種人、某種事物，因為他們會幫你找到你自己的使命。你大可以對周遭保持恐懼，但你還是要記得試著接近他們，試著用手摸、開口呼喚他們看看。

打造「死不了」的環境

無意識生活，這是我觀察麻木的社會後所想出的名詞。不過，在我讀了康德的《論永久和平》後，發現他把相同的社會現象稱為「未成年狀態」。大家看到了沒？所以我說，我一直要大家注意的東西並不是什麼新觀念。年輕人常常輕易地把「創造」跟「作品」混為一談，我就是希望大家不要產生這樣的誤會。

我能想到這些事，可說是歸功於我的躁鬱症。在躁期，我的身心會有意識地運行，精神會集中在創造新經濟上，此時我會努力工作；但在鬱期時，我就會處於無意識之中。我的神經迴路會停止運作，周圍的景色會變成一片灰色。

不過，我的腦袋仍存有意識生活中的記憶，如果放任自己過著無意識的生活，就會出現一些類似併發症的症狀。我的意識會完全剝離，也就是說我會想尋死，一天二十四小時我都會想要尋短見。這種感覺真的很痛苦。但在這種狀態下，我還是會持續尋找值得質疑的事物。此時，「思考」能讓我找到不用死的理由。這其實是一種賭上性命的狀態，所以我才會了解，思考是生而為人最確切的態度。

那種感覺就像是在幾十倍重力的環境下練功的孫悟空（譯註：動漫《七龍珠》的主角孫悟空，常在重力遠超過地球的環境練功），即使身處險境，也要逼迫自己找出新的出路，不向封閉化的體制妥協，要打破沙鍋問到底。換句話說，鬱期是我最佳的「創造期」。我把這種狀態和眼前的社會、都市做連結，從而構築出我的工作基礎。事實上，我想感謝這個一輩子都治不好的病。對現在的我來說，也許躁鬱症早就不算是病了，它只是我身體中的一種自然現象。

在這個麻木、缺乏反思的社會環境中，我們不可能會覺得舒暢。因為其中有太多的冷漠、歧視、貧困、階級之分。

既然生活在這種環境中，任誰都會感到痛苦，那就表示我的症狀是自然產生的。所以，我想這一切的感受都算是很正常的。

也因為這個結論，我才會行動、執行、實踐，所以我決定讓這樣的感受持續下去。但話又說回來，精神疾病會對身體造成影響。我了解自己處於隨時會尋死的狀態，因此我設立了新政府。只要我對社會展現出自己的態度，就會有很多人幫助我，而我也會了解到自己不能就這樣死去。

換句話說，我讓自己處於「死不了」的境地，這也就代表我能「生存下去」。生存就是這麼一回事。不管是工作成功、進好公司、成為名人、有很多證照、出人頭地、賺大錢，都比不上活下去的感覺。

「生存下去就是不要尋死」。我要秉持這種信念，創造一個死不了的環境，以證明「生存」的意義。

2 將自己想像成機器

「判斷」很重要

我這個人，從小學開始就沒什麼改變，老是想做些讓人啼笑皆非的事。不過，那都是因為我想讓大家想起已經忘懷的兒時回憶，我想喚醒大家小時候纖細的感受性。而且我也一直想獨立於世，對我來說，錢不是必須探討的問題。有些人知道我這種處世態度後，常常覺得我這個人很傻。不過，我也不是很在意他人的眼光。

但為了實現心目中的態度經濟，我一直堅持著不肯放棄，我努力了很久。那跟在人力銀行上找工作不同。總之，我需要的就是讓時間慢慢醞釀。只要能靠態度達成一次交流，這個成果就永遠都不會消失，因為態度是不會背叛你的。

那麼，我們又該如何決定自己的態度呢？

首先，不要和他人討論自己的疑問，要用自己的頭腦反覆思考，絕對不能將他人的話帶入思考中，否則就無法形成獨立思考。思考這種行為就是「考量源自於自身的思想」，所以我建議大家，要去除腦中不需要的外來思想、知識，用自己的親身經驗進行思考。

在思考後，你一定還需要一個必要的東西，那就是「答案」。常常會有人說，仔細思考的過程最重要，答案並不代表全部。不過我認為這個觀念是錯的，我們絕對需要得到答案、也絕對需要做出判斷。我們要親口說出負責任的「判斷」，這才算是確定了思考後的答案。

我會下判斷，還常常下判斷，但人們也常說我判斷錯誤，我所質疑的問題都不能算是問題。他們會說我何必如此做判斷？每個人都有各自的責任，何必沒事找事做？但我認為下判斷就是一種思考，是生而為人所應盡的責任。

目前的社會很害怕對各種事情下判斷，這其實是不負責任的。我們儼然就是置身於一個不負責任的生活環境中。

像公家機關的人常常會說，事情是別人叫我做的，不是我能決定的。除了他們以外，政治家、大學教授等等，很多人都會用這種藉口卸責。

也難怪我們的體制會腐敗得如此理所當然。因為大家都不想負責任、不想找出答案、不想交流，以至於無法溝通。

因此，我認為我有必要改變這種怪狀。

所以我才會不斷地下判斷，並說出答案。為了避免判斷錯誤，我也要不斷地研究、調查，然後確實地提出答案，在應有的時機回答出適當的答案。我一直持續著這些行為，就是我心目中的態度經濟。

也因此，我願意接受任何異議，面對任何人的質疑也都會加以回答。我不會讓別人阻撓我的判斷。我知道，要是我停止下判斷，就不會有批評、爭吵、謾罵。但我的動機就是想讓大家跟著一起討論、批評。

我想打造一個能接受批評的都市，因為這會形成一個勇於負責的社會。即使不小心出差錯，也會有心胸寬大的人接受你的錯誤。

我想打造人們聚在一起，會形成一個互相扶持的社會。

我不會嚷著要那些占著位置卻不做事的傢伙趕快滾蛋。我知道輿論、文學、藝術、建築、政治領域裡，有一堆那種無聊又不負責的傢伙，但放任他們怠忽職守的我們自己，也該負些責任。所以大家不要以為自己是名不見經傳的小人物、或只是學生，就只能躲在背後說他們的壞話。真有本事，就該站出來對他們說清楚、講明白，我認為這種感受性才算是哲學。你我並不是讀者與作者的關係，我們都是站在同一平面上，彼此對等的人。

所以，要是各位對我有意見，或想好好地認真批評我，希望大家可以馬上打電話給我。這本書會附上我的電話，你們上網查也能找到我的聯絡方式。我不會逃避質疑和批評，我還可以隨時在你們面前抽菸，赤裸裸地跟你們袒裎相見。當然，我不會真的都不穿衣服，這是指我已做好心理準備要接受各種批評，並且仔細地回覆我所給予的答案的意思。

我這個人不是無所畏懼，我只是能確實看清恐怖的源頭為何，並想加以面對而已。

人類機器論

經過「思考」後，下有「責任」的「判斷」即為「答案」。這就像可以產生動力的熱量，能讓名為「身體」的機器開始運作。而我「判斷」這就是「生存」。身體就像這樣，會依靠熱量無限循環運作。因此，人的力量是永不消失的。

如果你無法找出屬於自己的答案，就會發現你只是在虛度光陰。因為沒有得出答案的生活不會形成無限循環，你每個動作都要先熱好引擎，不但浪費燃料，而且還很不經濟。我就是像這樣，把自己的身體當作機器，用看待機器的觀點來看待自己的人生。

想像自己的身體、心靈、思想是車子的零件，你就可以抑制自己的身體，看清自己的每一個行動。透過身體的行動，你還可以感受到自己能創造出新經濟。

如果放任身體運作，人的思考會處於渾沌狀態，面對各種影響因子，會變得難以理解自己為何行動；如果我們把人類當成單一的個體，是由「精神」這種難以捉摸的東西維持其運作的，那麼「生命」的定義就會變得非常抽象；但如果將自己當作車子，我們就能用看待機器的觀點，更具體地使用自己的身體。

我的身體最需要的就是燃料，而不是金錢。我體內的引擎，即使沒錢也能持續發動。

目前我和太太、女兒雖然是三口之家，但我沒有刻意為了錢討生活，所以我家隨時都會面臨坐吃山空的命運。不過，要是真的變成那樣，我就會大大方方地前往河邊，搭起零元屋，和家人們一起露宿生活。當然，我太太不介意我這麼做，我們全家人都不在乎沒錢可花。也因此，我才敢花一百五十萬日圓招待福島縣的小朋友來熊本。

我們的身體本來就不靠金錢運作，燃料也絕對不是錢，而是想實現社會理念的態度。所以，身體的動力是永遠都不會用盡的。只要你實踐自己的態度，整個社會就會因你而改變。如果你有幸達成理想，就要開始轉換跑道，試著培養後進。

所以，我就像是一輛為了達成使命，而持續兜風的車子。

要是我的引擎換成是自身的欲望，那在滿足欲望後，我這輛車子就會停擺。所以，我們不要將欲望當作引擎，而是要靠各種歷練來維持運作。屬於自己的使命不一定要靠自己找出來，你也可以試著挑戰不可能達成的任務，很多人都是這樣使自己的引擎開始運作的。

我也是靠著這樣的觀念，才創造出名為「使命」的引擎。我效法許多人的思維、行動，慢慢地拼湊出屬於自己的引擎，而它的燃料就是「態度」。我運轉著引擎兜風，一邊看著身邊麻木不仁的社會，一邊走在先人們所創造出的道路上。

將自己的身體當作機器，去思考自己要如何在路上行駛，如何設計、保養、維修，就更容易釐清自己的思緒。

才能不分高下

如果你能過著充滿判斷力的生活，那麼你的工作就會有極高的效率，而且你也會變得更懂得如何生存在這世上。

當我不處於憂鬱狀態時，一天可以寫三十到四十張稿紙，最多可達五十張。當然，原稿的量不是我的重點，最重要的是持續力。當人類處於最佳狀態時，身體的行動會充滿高效率，反之，則不管怎麼做都會做不好。因此對我來說，不一定要強迫自己每天完成固定的工作量，配合自己的身體狀況工作，會更有效率。

雖然在一般人眼中，躁鬱症是精神疾病的一種，但我將它作為基礎，從這樣的生存方式中構思經濟應有的型態。此時，精神疾病就不再是精神疾病，我甚至發現我的獨立思維會在其中化為具體的實踐方法。

我們彼此就像是站在柏油路上，但每個人的姿態卻各有不同。在我眼中，其實大家是各自走在刨掉了柏油的泥巴路上。

為何我在躁期能寫出這麼多字呢？那是因為鬱期（也是我一直想自殺的時期），我不會為了讓自己振作起來，而刻意去寫任何文章。我只會不斷地去思考「生存究竟是什麼」，如此我才能阻止自己尋死的念頭。處於鬱期的我，無法接受膚淺的生存目的或抽象的生存理由，我會用最清晰的觀點檢視自己的「生存」，然後力量就會重新回到我身上。當憂鬱的感覺消失後，這股力量就會產生如同彈簧般的效果，一種如同力量反饋般的狀態，使我寫出大量的文章。

「才能」對我來說不是獨特的東西，我認為才能是指個人在社會中，可以用最純粹的方式去表達自己的那一部分。

才能是有「音色」的，才能也是不分高下的，差別在於每個人可以發出什麼聲音、是否音色相近。人無法改變自己能當什麼樂器，但我們能磨練屬於自己的音樂技術。技術可以用經驗補強的，技術愈高，就能導出更有延展性的「答案」。如果答案能因此產生變化，你的生活也會隨之改變，不但有趣，而且還會充滿希望。

以這樣的觀點讓自己的音色和別人的音色互相交流，就是一種經濟。請你想像自己正拿著指揮棒，站在交響樂團面前，和大家一起合奏一場音樂會。讓我們彼此的才能產生共鳴，一起去尋找同一個答案吧。

放輕鬆但不輕浮

在發現人的優秀與否和才能一點關係也沒有後，我的心情開始變得很輕鬆。我認為人要生存，就一定要學會放輕鬆。看到這裡，也許你會覺得我這個主張很矛盾，但放輕鬆真的也很重要。當你能放輕鬆，就能好好「思考」，並且下「負責」的「判斷」，從而引導出「答案」。

除了「改變社會」這個重要的議題之外，其他的議題我們可以試著用輕鬆的心態面對，能交給別人解決的就交給別人解決。相對的，你也要盡力處理能改變社會的議題。例如讓我自己能放輕鬆的議題，就是如何讓社會更輕鬆。

雖然大家常說自己工作很忙，沒辦法好好地做想做的事，但我認為這種心態最要不得。我們周遭有很多人，都把這個當作理由，而不積極投入「改變社會」之中。有意思的是，他們明明沒有試著動手改變社會，卻會一直抱怨社會上的各種問題。我認為這種在茶餘飯後抱怨社會問題的行為，根本不能算是放鬆，不過是在虛度自己的人生罷了。抱怨完也就算了，但他們處事的方式還很死腦筋，很愛用拚上性命的態度過活，這種心態根本就很糟糕。我們要更放鬆一點，試著用輕鬆的態度解決人生的各種課題。

大家都知道核電廠噴出大量輻射塵了，但我實在不懂，為何還有那麼多人繼續無奈地上班賺錢討生活。我認為大家沒必要活得這麼哀怨啊。另外，雖然保持輕鬆的心態很重要，但對於生活在輻射塵之中的福島的孩子們，我們可別用輕鬆的眼光去看待，還是要努力思考如何幫助他們。想改變自己的人生態度，請先用輕鬆但不輕浮的心情，逐步為生活取得最佳的平衡吧。

尋求生命中的貴人

而要讓生活變得更輕鬆，我們又該怎麼做呢？我建議大家，可以試著尋找生命中的「貴人」。

其實人類是無法獨自生存的動物，我覺得人類要生存，就必須待在有許多人的團體當中。

當然所謂的「貴人」，並不單純是會提供你資金的人。不只是提供金錢，有的可以提供知識，有的能教你玩樂，也有的會告訴你飲食的學問。我們可以藉著這些人所提供的資源，來彌補自己的不足，讓自己成為擁有各種學識的人。

就像我們的身體一樣，不是只靠大腦就能搞定一切，還有嘴巴、耳朵、鼻子、胃分工合作，甚至連排泄物也是身體的一部分。身體就是由這些東西融合而成的個體，憑著它們各自的功用，才能讓身體正常運作，所以身體可說是我們的良師益友。在待人處世上，只要能坦然面對身體的感受，就能幫助我們實踐自然無為。

我遇過許多「貴人」，和他們邂逅、喝酒、聊心事。有了和他們之間的交流，才有現在的我。舉例來說，磯部涼是我音樂、玩樂方面的貴人，也因為有他，我的躁鬱症狀緩和了許多。佐佐木中先生是我哲學方面的貴人，中澤新一先生是知識方面的貴人，梅山景央編輯則是出版界的貴人；石川直樹先生是我在行動上的貴人，藤村龍至先生是我在建築領域的貴人。

想找出生命中的貴人，就要依靠你自身的知性。還有切記，別和身邊的天才擦身而過。

現在想想，我太太也算是我生活中的貴人。至於我，則想成為大家在「生存」方面的貴人。

我建議大家，讓身邊有才能的人們來教導自己，從中學習自己原先不擅長的事物，同時也要相信他們的能力、跟著他們的腳步過生活。只要你可以吸取對方的經驗，你就能展開輕鬆的生活。如此一來，我們就可以將注意力集中在自己的使命上。

我們不見得需要以此建立起既鞏固又強大的社群，但至少要能確定彼此是朋友。另外，請你務必讓那些朋友在你心中占有一席之地。換句話說，我們要挑選出能和我們一同在「生存之道」上互助合作的同伴，就像人體是由各種器官同心協力組成的一樣。

我金錢上的貴人全都住在國外，例如第一個跟我買畫的溫哥華律師，同時也是現任寶雲島市長的傑克・阿德勒，在那之後，他一樣持續購買我的作品。特別是我不是任何美術館旗下的創作者，我在藝術界的貴人全都是靠自己發現的。新政府的幕僚長原萬希子女士，不但是溫哥華某間美術館的負責人，同時也是看好二十一歲時的我，有機會在當代藝術領域大展鴻圖的貴人。

3 善用自己的絕望

憂鬱成了一切的起點

正如前文所述，我在處於憂鬱期時，會完全陷入絕望之中。即使是不太嚴重的平常小事，也會讓我感到十分地絕望。因震災而死的人、失去家人的人、因震災從此無法回家的人、我們社會的現狀、充斥人渣的政壇，有能力的人只敢在企業當上班族，這一切都會讓我絕望到想尋死。

在絕望的同時，我也會對自己說，何必多管閒事，你自己都高不成低不就了。說好想當建築師，結果一間房子都沒蓋過；想當作家又不讀書，而且還沒得過什麼獎；

想當畫家，卻又討厭在美術館開個展的繁瑣儀式。到頭來，我不過是愛跟別人唱反調的神經病，不但嚴重憂鬱到沒法賺錢，而且還會反過來自責不已。

到最後，我會認為自己沒有生存的價值，應該考慮立刻自殺。每當我出現憂鬱的症狀後，我太太回家時都會擔心我已經跳樓了。我真的很對不起她。

由於憂鬱嚴重到我無法從事任何工作，所以我只能賦閒在家，同時還有一股自殺的念頭不斷湧上心頭。這種強烈的想法，反而讓閒著沒事做的我再度思考起來。

每當憂鬱狀結束後，我都會發現，這時所進行的思考，變成了下一次行動的指標。此時，我會拚上性命盡力思考，不讓自己有空意識到那個尋死的念頭。

這是我從二〇一一年八月開始，維持了四個月的憂鬱症狀。更前一次的憂鬱症狀則在二〇〇八年時發作，那一次有一整年的時間，我都處於憂鬱狀態。

不過那一整年的憂鬱後，我的事業有兩年突飛猛進。若是依照前例計算的話，我猜這次會有八個月的時間處於最佳狀態，甚至持續到二〇一二年的夏天。也因此，我會按照自己的狀況安排工作行程。我不用日曆計畫行程，只要靠身體變化就能更新人生的規畫。

絕望使我有所領悟

我喜歡想自殺的感覺，雖然這樣說好像很怪，但在陷入絕望時，我不會認為自己是「被逼到很絕望」，而是我「逼自己要很絕望」，因為這麼做能將內心的絕望化為「積極的行為」。我知道這是在玩文字遊戲，但這能讓我的思維產生出主體性，使絕望成為自己所選擇的磨練之路。

住在東京時，每當我感到絕望，我就會到廣尾的市立中央圖書館去，至於現在則是到熊本縣立圖書館。我會翻閱美術史之類的書，從埃及一直到現在的藝術發展。此時我會有種很有趣的狀況，就是我看一眼就能分辨出用於改變社會的藝術，與迎合他人、作為娛樂的藝術。又或是我可以區分出素描畫、普通的塗鴉、及含有深邃空間感的藝術。

在我這個絕望之人的眼中，所看到的全是一片灰色。當然，這只是憂鬱發作時的一種症狀，據說這是因為大腦的第二十五區喪失機能。不過也多虧這個症狀，讓我難以被任何事物感動。雖然大家說這是一種病，然而這時我卻能依靠這雙眼睛，讓自己像電腦般正確地分辨是非。

想要尋死、感到絕望，對我來說是一種力量。不過不是引導行動的力量，而是讓自己可以用更宏觀的角度看待世界的力量。換句話說，我不會積極行動，會以旁觀的角度俯瞰全世界。不管是藝術和設計之間、實現自我與回饋社會之間，其中的差別我都能一目了然。之後我就會像《綠野仙蹤》那樣，踏上眼前如同黃磚大道般的成功之路。

所以我認為直到死為止，都該擁抱那種想尋死的感覺。

目前，這種因為想尋死而產生的力量還沒有命名，因此我打算為這個神祕的力量取名。

「取名字」也是我的工作之一。

對於那些不想自殺的人，以及靠藥物治療強忍著尋死的想法、每天上班的人，我反而認為他們放棄了理解這種神祕力量的機會。因為要是我沒有這種如同中了河豚的毒般的經驗，我猜我會更難以忍受現在的生活吧？畢竟那是唯一可以讓我去思考「什麼是生存」的時刻。

想死時就該仔細地眼觀四面

我所設立的新政府和目前的政府不同，我們打算減少日本的自殺人數。所以，讓社會保持零自殺就是新政府的核心政策。像我的一些朋友也都自殺了，對於自殺者走上絕路一事，大眾通常會認為這是因為他們已病入膏肓，因此習慣敬而遠之。我想，就是因為這種習性，所以日本政壇才會充斥著冷漠無感的傢伙。我認為，真正的人類就該擁有同理心以及自己的特色。

我在觀察一個人時，會想著要如何仔細品嚐對方的味道。像是撒黑胡椒才好，或是生吃、火烤、煮熟……等，我很想透過不同的方式品味一個人的特色。人與人之間的交流就該像做菜，而我們就跟食材一樣，無法自己料理自己，所以我們要試著為對方調味，讓對方因你而迸出新滋味。人際間的交流本該如此。

我認為，不應該將自己的味道藏起來。像我很想尋死，就會大方地說出來。當然，自己有憂鬱症，這確實讓人很難啟齒，但這就是屬於我個人的味道。現在看著本書的人，也是因為我的告白而仔細地為我這個食材調味。所以，我才會受到他人關心、讓我有工作做、讓我有錢賺。

既然我想自殺，那乾脆就用絕望的觀點俯視社會，認真地思考改變社會的方法，起碼這麼做還可以打發時間。就因為有憂鬱症，反而換來更多思考的時間，而且也不用花錢。既然不用花錢，大家不如在有空時多多思考吧。同時也思考一下，自己至少要花多少錢才能生存。

絕望時，我會產生出精密的觀察力。雖然我原本只是喜歡建築設計的手法，不過在憂鬱症發作時，會發現人們家中的建築也含有深邃的空間感。此時，對於能促進思考的「藝術」也會變得更感興趣。這種感受其實是一個良機，如果你也有機會產生這樣的感受，請先別拿筆記錄下來，而要先仔細地玩味其中的感覺。你會發現自己的潛能就此被激發。一個人想死時，愈是逼自己積極找事做，才愈容易真的死掉。

此外，用絕望的眼光看待事物，使我發現金錢無法幫助我解決煩惱，因此我很慶幸自己愛思考這件事不用花錢。我甚至還從中理解到，要生存根本不需要花任何錢。當然，想要實踐我自己的思考，仍要花上很多時間。

想要尋死時，我心中會幻想「我就是千利休」。效法茶聖千利休，不做任何事，在觀察腐敗鐵鏽的過程中，領悟出世事無常的侘寂之美（譯註：侘寂是一種日本人在精神上的美感，指「接受世事無常，並享受孤寂、低調、空虛」的意境）。那種充滿絕望的視角，在人生中也算是很難得的經驗，此時不看，更待何時？不如就讓我在瀕臨尋死的界線上，用力地看遍所有事物吧。

此外，我想尋死時不會想創造藝術，而是想尋找藝術。很多醫生都說，憂鬱症會讓人對任何事都提不起勁，也不會被任何事物所感動，不過我倒是認為這是錯的。因為對任何事都提不起勁，等於某些事必須要由我們親自為之；無法被任何事物感動，就等於情緒極度冷靜，並且能發揮精密的觀察力。

所以我才會認為憂鬱不算是病症，我倒覺得將這種狀態稱為「千利休病」會更好聽。這樣以後有人在犯憂鬱時，就能隨口說：「現在我有點千利休耶。」如此一來，我們的生活還會更有情趣呢。

再說，日本每年都有三萬人自殺身亡。即使用一般人的標準來看，也會覺得這代表我們的社會存在著嚴重的問題。

我認為這和現代社會的藝術觀絕對脫不了關係。

創造層面

以絕望的視角俯瞰自己的「生命」、俯瞰歷史上至今為止的「藝術」、俯瞰自己身處其中的這個社會，我因此發現世上有無數種生活層面，裡頭的人們會跨越各個層面互相溝通、交涉。

對我來說，如同熱戀般不安的躁期，能幫我創造出各種層面、能幫我發現各種美好的事物、能幫我探究出源自於自身的未知力量。

而我也在最近一次鬱期來臨後，仔細檢視自己在創造層面時的精神狀態。

此時，我看到如同南方曼荼羅般的數個交會點，而這也成了讓我的使命得以「具體化」的提示。

在我腦海裡的那個思考都市中，也會產生出這些交會點。就像現實中的都市，十字路口往往都聚集著人群。十字路口和一般的道路不同，它擁有不可思議的魔力。

當我如此思考後，就覺得至今從未和我產生交會的層面，就像是頗有質感，並且讓人感興趣的印度小巷一樣。我建議各位可以像這樣，在自己腦海中的都市裡冒險，這可是一個很有意思的功課喔。你愈是能這麼思考，就愈能看到具有真實感的立體空間。

絕望的視角，可以讓人產生出分析腦海中都市的能力。

絕望的視角能幫助我喚醒無意間棄置不管的感覺，讓我有辦法對其加以編輯、修整，並再度連接到自己的思維中。所以，我認為人類的精神狀態其實不會惡化。

要是能用清晰的視角分析自己身上發生的現象，就能將憂鬱化為讓自己生存下去的重要啟示。

如果你的個性太天真，容易相信他人的話，就表示你也容易屈服於自己的定位，會把自己歸類為「某某主義者」。不管是資本主義、共產主義、學歷主義、貨幣主義、常識主義，你都會用主義（Ism）來為事物分門別類。

但這個動作中並沒有任何特別的思維，你只是在無意識間自動進行分辨，你只是把他人既有的觀念，強加在自己的「生命」當中。

因此，我想向大家宣導：「別再Ism了，我們要的是I zoom。」

例如「資本主義」的英文Capitalism，我們應該要改為Capitali-zoom。也就是說，我們不要輕易地接受資本主義的概念，而是要隨時檢視「什麼是資本主義」；就像電腦的圖片編輯軟體「Photoshop」，可以用「zoom」這個功能放大解析度來檢視圖片，我們也要像這樣仔細看清生活周遭的特定概念。

如此一來，我們就不會被既有的主義、概念給禁錮，可以對世上的任何事抱持著「為何如此」的「疑問」，並且由此產生值得探討的「問題」。

我們應該要拋棄Ism，用I zoom的概念取而代之。所以，當你要檢視自己的狀況時，也要放大自己的解析度，試著讓自己能觀察到更具體的跡象。同時也要「概念藝術性」地進行抽象思考，抽象思考可以讓你更具體地面對自己的「生命」。

我們要隨時注意用字遣詞、注意身邊的某些現象，並且解讀封閉體制對世上各種事物的定義，然後試著以自我的層面的來加以分析。這時，我們最需要抽象的思考，而且不能只停留在思考階段。其實，想達成這樣的境界，關鍵就在於你自己的雙手。

這也不是什麼難事。例如，你可以在自己家的牆壁上張貼電影海報，在書架上放深奧難懂的哲學書，或古谷實的漫畫《17青春遁走》，又或是在衣架上掛舊衣服和餐廳服務生制服。你可以在自己的房間內，同時放有點老土的東西和頗具品味的東西，又或是放些自己從小到大一直都很喜歡的物品。是的，這就是屬於你自己的層面！

如果你有煩惱，或是受到精神上的傷害，那就先從各種領域中確認自己的喜好，然後羅列在一起，來檢視這些層面（也就是你的房間），並且從零開始重新認識自己。

像我在遇到人生困境時，就會試著創造出新的生活層面。

也許你會說我只是用陳腔濫調來應付讀者，但這真的是我一直以來的經驗。嘗試去做那些能改變生活的行為，就是一種態度，雖然乍看之下是沒辦法賺錢的行為，但在這過程中，卻能向世人展現出自己。即使是縮在被窩裡，痛苦絕望的時候，我所認為的態度經濟仍然可以讓我和所有人進行交流。

記得高中時的校長曾在畢業典禮時說過這麼一句話：「苟且的無謂行為會以無謂

的形式草草了結，但壯闊的無謂行為將成為你們壯闊的人生財產。」

就讓我們開開心心地「思考」吧！一起進行這個既偉大又不用花錢的無謂行為！

終章　踏上零元戰爭之路

Final chapter

Zero Public

終於來到本書的最後一章了。在這章當中，我想介紹一下新政府的政策。

首先，新政府之前的政策會繼續實行下去，我們會持續邀請福島的小朋友來體驗零元夏令營。在行程上，我們打算於二〇一二年的春夏兩季之間，舉辦兩次體驗營。目前我們已經先在二〇一二年的三月下旬辦完春令營，接著還會邀請孩子們到熊本體驗當地的生活環境。

而在這一次的活動中，有一個小插曲。上次活動計畫是我和ＮＰＯ法人代表上村先生一起募款並且實行的，不過今年卻多出幾個地方自治會的人幫忙，而且他們也負擔了一部分的活動資金。

我從中注意到一種全新的發展性。我們可以請市民們先提出政策，然後自己執行，一方面做給政府看，一方面讓他們接受這些政策的可行性，並且引導政府將之納入國家的政策中。我並沒有將行政機關視為敵人，只是他們通常不會主動做事，所以我們應該先做出成果給他們看。新政府目前的政策，也可說是一種創造公共建設的新方式。

以後，我會成為這個計畫的主要募款人員，再之後，我將會全部交給年輕人負責，因為新政府的政策不再是我一個人的行動，現在熊本縣的市民也慢慢地投入我們的活動了。我們不但開始構築出一個全新的生命共同體，而且這還能創建出全新的教育體制。

以上目標都達成後，我要親手實行新政策「Zero Public」計畫。

新政府以守護《憲法》第二十五條「生存權」為本，將在全國各地設立安全地帶。Zero Public計畫的目的就是，我想創建出不需要錢也能生存的生活圈。因此，我也打算設計出不用錢也能住的公共住宅。

我將這種場所稱為「零元特區」。

其實這個零元特區也沒什麼特別的。只要參閱一下日本《憲法》，你就會知道，零元特區的理念是很理所當然的，只是我們國家的政策已經變調很久了。一個人沒錢就表示他死不足惜，這種觀念根本就是違法的。事實上，人類就算不賺錢，也有快樂生活的權利。因此，新政府將這個正確的理念化為政策，讓市民們反思「公共的初衷為何」，並與大家攜手創造出適合每個人生存的環境。

零元特區乍看之下談何容易，但也並非不可能辦到。因為日本就像前文中所說的一樣，有多到讓人不可置信的可回收物，只是我們的國家和企業不讓我們明白這一點罷了。因為要是大家懂得利用可回收的廢棄物，國家和企業就無法靠賣東西來賺我們的錢。像美國在次貸風暴時，大量空屋無人購買，美國政府為了幫房市營造出一屋難求的現象，竟然還把那些空屋通通拆了。

會實行這種愚蠢政策的國家，根本無法安定民心。那種要國民背負三十五年房貸的就業環境，就跟奴隸制度沒兩樣。每個人都被土地綁得死死的，動彈不得，還要努力工作來清償債務。即使飄下來的輻射塵堆積如山，大家還是得含淚出外混口飯吃。

難道大家就該這麼笨，乖乖認命嗎？我覺得所有人都誤解了「生存」的定義。所以，新政府也要還原工作的根源——也就是「賺錢」這件事的真相。

我能理解「不工作就是廢人」、「錢不是萬能，但沒錢萬萬不能」的想法。但我們的社會卻利用了國民買車、買房的債務，來讓經濟得以發展。我認為這種荒謬的現象應當趁早根除。

現在正是我們展開行動的時刻，以我們真正的態度質疑那些光怪陸離的現狀吧。我們要打的是一場戰爭。是一場將人類從勞動、金錢這個枷鎖中解放的運動。

悲觀一點來說，你我在某種程度上都已經是社會體制的奴隸，所以我們千萬不能逃避這場戰役。這場戰爭的目的就是要讓我們得到解放，而且還要貫徹非暴力、不服從，以及不花錢的零元精神。

換言之，Zero Public本身就是一場零元戰爭。不行使任何暴力、以「零元」的理念攻擊現有的社會體制，這是一場由思考所發起的革命。

所以我要呼籲大家，一起以眾人之力來發動零元政策。

零元特區的具體面貌

那麼，零元特區設立後，又會以什麼的面貌呈現在我們眼前呢？在這裡，我們就稍微具體地想像一下這個理念的實際模樣，來探討日本這個國家，真的可以讓人不花半毛錢過活嗎？

要是你從頭看到了這裡，就會知道，這個理念是有辦法完成的。我們已經知道，街友們早就在實踐零元特區的理念。只要去多摩川河邊就知道，國有地其實允許國民居住，不但不用房租，而且上頭的房子還是用「都市的恩賜」搭建而成，根本不用花半毛錢。以多摩川魯賓遜為首的那些街友，早就先我一步成立了零元特區。

也因此，我才會認為「革命早就已經在進行了」。

當然，由於他們只能靠《憲法》的生存權遊走在法律的邊緣，所以要是政府立刻採取行動，也許他們的家都會面臨被強制拆除的命運吧？不過，我還是想告訴社會大眾，他們一直以來都是這樣生存在這塊土地上。我希望大家都能了解，他們的生活一點都不荒唐。

我其實在想，零元特區的理念能不能發展成任何人都能做到、任何人都能利用的「公共政策」呢？換句話說，我很希望這個理念能夠開花結果，這同時也是從我發現自己的使命以來，一直很想實現的夢。

如果生活費的支出為零，那麼我們就不用被工作給束縛，而且還能自由地選擇人生的發展。如果你什麼事都不想做，那就可以大方地什麼都不做。當然，這個世界上不會有這種人，因為人不做事會感到無聊，一旦覺得無聊就會想要展開行動。人不一定只會為了賺錢而展開行動，最典型的例子就是那位在中野區打造公園的園藝師。我個人認為，讓自己從勞動中解放，就是實現人生使命的捷徑。

新政府的領土擴張戰

為了設立零元特區，我架設了一個名為zero-public.com的網站。請參閱二四二頁的日本地圖，其中我標出了幾個地點。

被標記出來的這些地點，就是新政府的領土，而且還是每個人都能自由使用的公共土地。不過，我還是要聲明一下，這些地點都不是位於目前政府的層面，而是屬於新政府的層面。因此，我們沒有那些土地的所有權，無法進行買賣。但我們會讓這些土地物盡其用，並引導大家一起將那些土地變成實至名歸的公共場所。

那麼，這些地方又有什麼特別之處呢？

如前面章節中所介紹的，這些被標出來的土地全都沒有法定持有者，也就是所謂的「無主地」。正因為這些土地的所有權曖昧不明，所以新政府想在所有權拍板定案前善用這些地。其實，要找出這些地還挺難的。

至於我的目的就是：「我想把那些土地全部變成新政府的公有地。」反正那些地都沒人在用，我不打算變賣圖利，也不想打水泥地基，擅自當作不動產，所以把使用權讓給我不是更好嗎？換句話說，Zero Public就是有效利用未使用的土地，將其作為住家、農田的方法。

各位不妨看看我的網頁，在圖片右上還記載著領土面積。目前是二〇一二年四月，我已經申請到一千四百二十六點五平方公尺的領土面積。換句話說，有很多人希望將自己多出來的土地提供給我使用，其實那些人很希望自己的土地可以物盡其用。而這也表示，在公布我的這個政策後，擁有資源的人、跟渴望運用資源的人，變得更容易互相交涉。

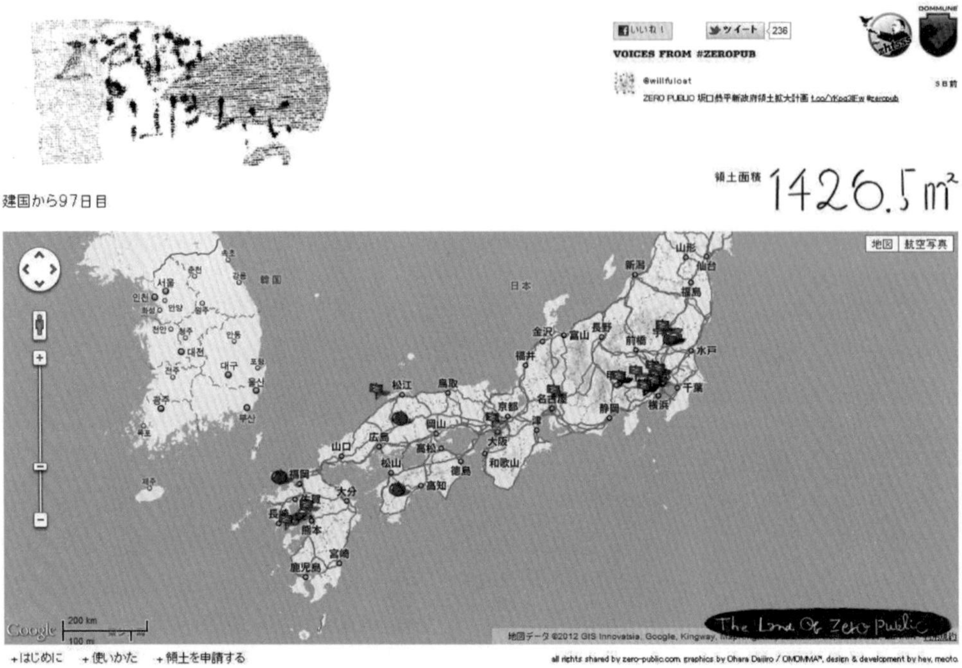

新政府的領土擴張計畫（https://www.zero-public.com/）

我認為這也是一種新經濟。而且買賣土地的規則仍存在於這個另類的社會層面中，因此提供土地的人也會比較安心。此外，我們也不用簽約，因為我們用的是平常沒機會利用的土地，所以大家都很樂意提供自己多出來的資源。

除了日本的空屋之外，要是再加上無人耕作的農地，我們就會發現，日本還有很龐大的資源沒人利用。然而我們目前在運用土地方面，還是以不斷地蓋房子為主流，造成很多人喜歡高價買賣土地。說到這裡，我想大家漸漸了解，為何政府要把資源全集中在東京了吧？如果國家改採用地方分權制的話，那東京的地價就會跟著下跌。而這麼做的後果，就是會瓦解既有的價值觀，大家會知道，原來靠不動產輕鬆賺錢的想法，只是脆弱的妄念。所以奉行中央集權政策的政府才會拚命維持不切實際的東京夢，好引導國民將資源集中在首都。所以我才覺得很詭異，明明那些昂貴地價不過是人為製造出的幻想，為何大家還對此趨之若鶩，甘願拚命工作，也要買下貴死人的房屋、土地呢？

馬上放棄這種會造成惡性循環的價值觀吧！因為土地根本就多到能讓大家隨便使用的。

零元飲食

既然有人免費提供土地，而且我又管這叫作零元特區，當然生活上的花費也該是零元。我預計要在這裡種大量的果樹和野草，當然，我並不是想把土地當作農地使用，那裡的植物將會野生地自然生長。這麼一來，大家就不用為了管理土地而勞動。這是源自太古時代的智慧，不用火煮熟就能供大家食用。只要肚子餓，就可以隨時摘下來吃。

因此，我想順便種種看世界上的各種水果和野草。我有一位巴西朋友很常吃香蕉，原因是香蕉吃起來最不麻煩，也不用花太多錢，營養價值又很高，是最棒的食物。

如果有人不想每天都吃這些，大可以不要吃。

但要是有人想不花錢就生存下去，我很推薦他們吃這些天然資源。那是不需要用到火和電的食物，拿起來就可以直接吃。當我們不用花時間在吃飯上頭，就更可以集中注意力完成自己的使命。

總之，飲食零元就是不進行人為的農業，單純地留下能讓植物生長的空間，任其自然成長。但不會像現行的農業，在收成的季節裡將植物連根拔起。我們不會摘取整株植物，要吃只吃到八分飽就夠了。這個規則就像法律，以人性的角度尊重植物。

同時，我們也可以盡量保存各種水果、蔬菜或是容易自然生長的植物種子。要是TPP（譯註：跨太平洋戰略經濟夥伴關係協議〔The Trans-Pacific Partnership〕）開始實行，國際種子保存庫會對所有農作物的種子加以管理。因此為了防範這種壟斷事業，我認為事先保存種子是很重要的。我有一位名叫古斯的朋友，他住在荷蘭的烏特勒支，他是世界上數一數二的種子收藏家，而他也在收集世界上全部的植物種子。因此我請他擔任新政府的種子部長，同時拜託他做好種子銀行，為孩子們的將來付出一份心力。

施工費零元

接下來就是關於「居住」的政策。

當然，零元特區將蓋滿移動式住家，建造工程則由居民自行處理。由於移動式住家只需要花三天就能完成，因此每個人都可以輕鬆施工。只要能動手做，不但可以打造出居住環境，也能學會生存的技術，可謂是一石二鳥的好方法。此外，還能教導每個人「家就是可以由自己創建的東西」的觀念。

換句話說，零元特區也兼具教育意義，不但能學習求生的技術，也能成為保護人身安全的庇護所。蓋房子是人類從遠古時代就已經學會的生存技術。這個極其重要的行為，就靠零元特區來加以復興。

當然，因為那都是移動式住家，所以不需要打地基。由於這是「可動產」，因此也不會給土地所有者帶來麻煩。

要是所有者想要收回這塊地，新政府會馬上離開；如果居民打算離開零元特區，則可以把移動式住家讓給他人，或是在拆除後，將建材留給他人使用。移動式住家會成為能自然循環的房屋，而且造價還很便宜。

當然，我也想在零元特區實現施工不用半毛錢的目標。

我又要如何辦到呢？

我有一個住熊本的朋友，他是處理產業廢棄物公司的老闆，而我也任命他為新政府的回收大臣，這是因為他自己也對花錢處理廢棄建材的現況有所質疑。此外，他也教我如何把各種零件分類保存好。從他的知識中，我感受到一股值得發展的潛力。

目前很多住宅的廢棄建材，除非是豪宅的建築結構材料，否則其他廢棄物都只有等著被處理掉的命運。但我認為，木材不能用新建材的標準來看待，木材的使用年限至少超過樹齡的一倍，木頭是重要的資源，不能隨便判定為無用的垃圾。因此，新政府打算將木材定為公共財產，並且建立回收制度，全面性地保存這個可用於移動式住家的重要資源。

其實我也想效法五金賣場，將材料分類，並且做一個保存用的倉庫。不過，那個倉庫將不會是一般的賣場，而是不收錢的「零元」大賣場。

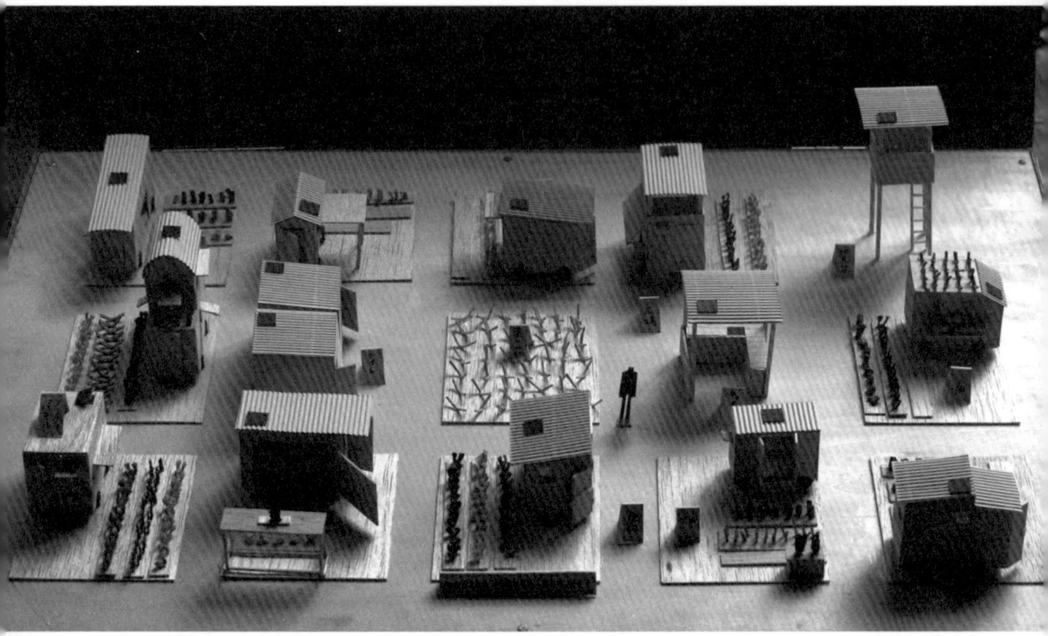

以移動式住家為主的零元特區概念圖。

那裡的東西都是免費的，任何人都能用來蓋出自己的房屋。我認為這個政策一定會受到男女老少的歡迎。

能源政策

我想要復興水井系統，而且我也有一個疑問，人類一直以來都是使用水井過活，為何現在我們卻非得花錢購買加了氯的自來水？更不用說熊本有許多天然泉水了。當然，我知道現在的農業已經習慣使用對生物有害的農藥，讓農藥從土壤汙染到整個地下水。關於這個問題，新政府多少也會進行相關研究。老實說，我覺得人類實在是很愚昧，只是因為貪圖方便，就到處灑毒藥。福島第一核電廠發生爆炸意外前，我們人類早就一直在亂灑毒藥了。

不管怎麼說，還是先思考一下往後的能源政策吧。

我想訂定一個規範，那就是零元特區的電力是以十二伏特起跳。當然，要用什麼樣的插座規格，都是個人自由。如果有人認為用原來的一百伏特比較好，新政府也不會硬性規定。只不過，要是能理解改為十二伏特的方便之處，那大概就沒什麼人會想付錢給電力公司，乖乖用一百伏特的插座了吧？

像那些巨型太陽能板，在我看來根本是愚不可及。以街友們的技術為例，使用太陽能發電，就該從小型的太陽能發電板開始。在用電之前，首先要知道自己需要用到多少電。像電視，可以不用看了，我想也沒多少人會相信電視傳播的資訊。用十二伏特的電連接電腦，就可以接收各種資訊了，而且這樣還不用繳電費。

某一天我在想這些事時，在居酒屋遇到一個對新政府很感興趣的人。他是一名牙醫，同時也是未被政府發掘的能源研究專家。他發現菜籽油、油炸用油的潛力，所以發明了一種濾油設備，而且還取得專利。換句話說，他其實也是一位發明家。因此，我立刻任命他為新政府的能源部長。

他說：「只要能種出一公頃的油菜花，就等於讓一個家庭擁有專用的油田。」

這簡直是不得了的消息，原來菜籽油可以拿來發動柴油引擎。換句話說，我們可以不用石油了。當然，這樣排出來的二氧化碳也不會被計入排碳量。還有，日本現在有大量的廢棄農地，油菜花不但可以自然生長，而且每年都會開花，不需要特地照顧。我覺得這個議題十分吸引人。

所以我已經決定好，讓新政府蓋菜籽油工廠，而且春天時油菜花盛開，說不定也會成為觀光勝地。這麼一來，免費能源就唾手可得了。當然，這也是大自然的恩賜，所以要好好地感謝大自然。我認為人類沒資格說「愛護地球」，因為我們一直以來都是被地球呵護著的。

持續移動

總而言之，新政府想要善用日本境內無人使用的土地，並設立嶄新的公共建設——零元特區。等零元特區發展得差不多了，就會開始對外「交涉」。

老實說，打造出完全不花錢的生活不是我的最終目標。我只是認為沒生活費就得自生自滅的價值觀已經違憲了，所以才想創建出一個不用繳房租的生活場所。只要我們的生活獲得保障，就更能專心地完成自己的志業。從勞動中解放、獲得時間後，接著才能改變被壓抑的藝術與社會。

此時必要的動作就是交涉，而零元特區也會成為人們互相交流想法的場所。所以，新政府在完成零元特區後，會鼓勵大家持續移動。人類本來就是以狩獵和採集起家的生物，而在移動時大腦也會運作、積極思考。我認為持續移動是很合理的進步訣竅。我來到熊本雖然只過了一年，但不管是身處熊本、加拿大，或是遊走於全國各地、世界各國，我都能確實整頓自己的心情，而我的收入也以倍數成長。既然持續移動能讓我有此收穫，那我就更該繼續保持下去。不停移動為的就是和更多人溝通交涉。

但偏偏我們國家的交通費很貴，例如新幹線的票價貴到嚇死人，國內線的飛機票也比國外航空公司的機票更貴。我認為交通費阻礙了大眾積極移動，而我們的社會也很不希望人民到處移動，這個現象和日本惡劣的勞動環境有所關聯。

這讓我想起自己十八歲時，會在路上搭別人的便車旅行。我會從熊本開始不斷搭便車，然後一路輾轉到札幌。換句話說，我也算是零元移動的專家。

所以我也在考慮，有沒有辦法將搭便車系統化。例如收集有車人士平時的移動距離和行駛時間，經過整理後，做出類似火車時刻表的清單，方便大家共乘一台車移動到各處。這是以搭便車為基礎的全新公共運輸系統。雖然目前要實現仍有難度，但我還是把這個點子存在大腦裡。

我平時就會像這樣，設想關於零元特區的種種規畫。然而，這也只是我個人的點子。想要制定政策，最重要的還是要經過大家的討論。

說到這裡，是時候談談新政府的國會了。

免費到手的新政府國會

為了宣揚零元特區的理念，我常常到各地分享自己的想法，即使不拿酬勞，我也願意前往全國、全世界演講。當然，我認為不拿酬勞是很合理的，比起拿酬勞，增加更多想改變社會的人更重要。我甚至認為這樣的人才適合擔任日本的行政院長。

不過，前陣子居然有一間銀行邀請我去演講。大家都知道，我曾嚴正批評銀行靠房貸賺黑心錢，結果卻有銀行想請我演講。這種社會觀念的變遷，讓我感到特別有趣。我想，銀行、不動產企業也注意到，將經濟發展建立在國民的債務之上，是一種錯誤的觀念。

因此，我前往位於六本木的「東京中城」進行公開演講。演講會場位於七樓，是該銀行的多功能會議廳。當時的演講很成功，銀行的負責人也很開心，那場演講讓我看到了未來的曙光。

演講結束後，銀行那邊的負責人過來對我說：「我們想將這個場地的使用權讓渡給新政府。」我原本以為他們是在說笑，所以一開始先是噗嗤地笑了出來，但經過確認後，才知道他們是認真的。

新政府只好恭敬不如從命，大方地接受了那棟大樓的會議廳使用權。

而我也下定了決心。「會議廳以後會用在新政府的國會議事上，但直接用這個名義實在太過招搖，我怕會為銀行和新政府招來不必要的困擾，所以對外的名義還是說是地方大學的聚會場所吧。以後我們會在裡頭思考、討論值得發展的公共政策。」

銀行的人立刻回覆：「我們也了解用新政府的名義是很招搖，不過這個會議廳本來就是想讓大家集思廣益、一同設想公共議題的，所以還是請你盡情地使用吧。」

其實社會上有很多這種事，而且往往都會讓人感到欣喜。只要你能想出有意思的點子，每個人聽了都會想要幫你。

所以從二〇一二年四月起，新政府在東京中城的國會正式成立。我們每個月聚會一次，不限制參加者的身分、年齡、專長，每個參加者都要思考自己要負責何種技術，並依從這樣的理念展開行動及自治。我們的一切都要靠自己的雙手，從零開始創造出適合大眾的公共概念。

我認為這才是國會該有的景象。

第一次國會總共來了四十五名新政府成員。為了具體實現零元特區的願景，我們每個人都積極地交換意見。

持續擴張的新政府

有一天，我收到一封十分特別的電子郵件，那是來自比利時的英文郵件，而它的內容也讓我很吃驚。沒想到寄信人是比利時新政府的總理，他說他打算來日本，想要和我這個日本新政府的行政院長來場高峰會。

當時比利時的政權陷入隨時會垮台的窘境，不過有一些青年決定展開獨立自治的政治行動。對他們來說，我的新政府理念不是癡人說夢，他們反而認為這是正確的行動。

之前我和紐約占領華爾街運動的參與者對談時，也親身感受到全世界的年輕人正發揮出想創建獨立國家的巨大自治能量。同時，他也對我的新政府活動有所共鳴，說想和我一起實現自治的願景。

不只是日本有核電廠的問題，相同的議題在世界各地也正延燒著。重點是我們該衡量利益得失，認真思考社會的未來究竟該如何發展。現在我們已經身處在不得不思考這些問題的時期了。

二〇一二年二月時，我在橫濱的神奈川藝術劇場展示三個全新打造的移動式住家，而那三間房子立刻就賣掉了。此外，免費索取移動式住家的設計圖也是一下子就發完。雖然大家以前都會看不起我的想法，但如今已經沒人會嘲笑移動式住家了。

在我探討土地所有權、房貸、房租，以及被稱為「勞動」的奴役問題後，我得出的「答案」就是移動式住家。這也是我思考出的解決方案。

在TPAM這個把日本的行為藝術展示給世界的藝術博覽會上，我將自己的想法推廣出去。歐洲的舞台劇製作人也覺得我一連串的活動是行為藝術的一種，所以他們將我的日常行為編排成戲劇。他們的觀點對我來說也很有趣。

二〇一二年七月到十月之間，我分別到韓國首爾、斯洛維尼亞、瑞士、德國參加大型展覽，主要的內容也都是展示移動式住家的具體理念。

由這些發展看來，我想不只是日本漸漸被新政府的活動感化，就連世界也渴求著類似的理念，而這也讓我愈來愈想在世界各地打造出零元特區。

專心致志

我的人生不斷出現不可思議的變化，而這一切的起源就是當年的那場水溝大冒險。我了解到，我們不需要透過購買物品來彰顯自己，也不用特別去改變自己。只要能多加思考，你就可以翻轉世界，讓世界的變化有更多選項。至於我，也會秉持著這種自治精神，幫助世界打造出各種不同的層面。

我也知道這將是一條艱辛的道路。不過，我並不在意，我只想要不斷地前進。

我認為自己很幸運，因為現在已經沒人會把我當作怪人。其實，這個世上有很多人和我思考著相同的事情。比起照顧自己的利益，他們的心力全都集中在使社會進步上頭。即使我不認識他們，但在見到面時，還是會瞬間產生惺惺相惜的情意。

我想用零元的理念，和他們一起並肩作戰。

我們的政治將來一定會出現重大的變革，重視自治的觀念將會成為社會的主流。我確信這是必然的發展。

我也感受到，各種不同形式的獨立國家，已經在我們的精神中確實地萌芽了。而一切才剛要開始。

我們要拿出勇氣，和同伴一起為將來奮鬥；而且還要一邊傻笑、一邊卯足全力努力打拚。自己的政府就要自己蓋。

我們要探討的主題就是「生存到底是什麼」，要大方的認真思考這個問題的答案。讓我們一起思考吧。然後還要拓寬這整個社會的視野。

即使我感到害怕，也不會屈服於恐懼，我只想專心地思考，成就自己的生命。

這些理念就是我的使命。

結語　我們不是孤單一人

從零開始打造生活、居住議題、人生價值，對這些事情的思考，就是我在思考方面的「藝術」。當我以具體的形式思考這些問題時，就能親身試驗出自己的「能力」有多大，進而衍生出「技術」。不過，我不會將其中的「技術」用在賺錢，而是會把這個「技術」當成回饋給周遭眾人的「贈禮」。

為了實現這種想法，才有了零元特區的理念。零元特區除了能成為所有人的庇護所，也能成為每個人哲學的起點。

我想每個人在小學時都知道，土地本來就不該被視為人類的所有物。然而隨著年齡的增長，喪失思考能力的我們開始在價值觀上產生倒錯。即使我們知道將土地納為私有是錯誤的，但我們依然寧願將錯就錯。

所以我認為大家也該認清楚事實的真相了。何不趁早行動，對這個奇怪的價值觀來個撥亂反正呢？

於是，我開始試著創立新政府。在實行這項計畫時，我會問自己的理念究竟能實現到何種地步。所以在我得到答案前，我不會輕易地結束自己的生命。

自從我的女兒誕生後，女兒更是成了支持我活下去的最大動機。我也會問自己，我到底能傳達出什麼訊息給未來的女兒。

因此在這個時期，我不會對自己說：「這也沒辦法啊。」然後要自己麻木地接受社會的亂象。我所下的判斷就是：「不要擔心結果證明自己的觀點是錯的，先付諸行動，實現自己的願景再說。」

就這樣，新政府自成立以來，已經快要滿一周年了。而我也因此確定自己的觀點是正確的。

因為我終於發現了自己的使命。為了把自己的才能回饋給社會，我想慢慢地讓大眾擺脫勞動的枷鎖，而零元特區就是一個能達成這項使命的裝置。雖然最早我只是在探討住家的定義，然而我卻在過程中感受到既有的經濟框架限制，所以我也開始試著創立一個不同以往的新經濟。

這個經濟體系不需要以貨幣進行交易，而是靠著各自的才能互相交涉，彼此互助互惠，進而產生出全新的生命共同體。

這不只是互相掌握各自的長才、聚在一起互相依賴，這還是一個藉由移動來不斷交涉的社群網路。網際網路不過只是其中的一種交流手段，真正的目的，是要讓人與人之間直接地面對面交涉。

所以我要不斷地移動，持續地和不同人邂逅。

遇到無法接受的現象時，不可以停下思考的腳步。要再三思考，並且擴大社會的視野。

我要將在我層面中複雜的思考都市，進一步轉化為具有立體感的空間。

對我來說，這一連串行為就是「生存」。

我們不能放棄思考，因為思考就是我們的能源。

我們要的不是任由核電廠爆炸，而是要解放被社會壓抑的個人思考能力。然後以藝術為號召，在地方進行自治。

我們並不是孤單一人，每個人就像組成萬物的原子，除了會思考自己應當達成何種任務之外，也會關愛如同人體般運行的這個社會。即使只是區區一個細胞，也要獨立思考。一旦大家擁有這樣的信念後，就能產生出一個巨大的體系，並且讓這個體系像人體一樣，有血有肉地持續運作。

我就是想創造出這樣的社會，也想讓社會出現這樣的人。我想把自己的一生用在經營這樣的理念上。

是時候改變我們的社會了。

我希望大家能馬上就定位，開始行動。將來，我們一定會在某處相知相逢。

後記

由於新政府的新加坡大臣牽線，我目前人在新加坡進行演講。演講會上不只有新加坡人，還有日本人、義大利人、西班牙人、澳洲人等來自世界各國的參與者。下次我將前往雅加達，舉辦一個以微型房屋為主題的座談會。我相信移動式住家的理念將成為一股風潮，並開始在全球蔓延。

我還有一部紀錄片將會在六月上映，片名叫做《移動式住家的製作要訣》。另外，由堤幸彥先生所執導的電影《MY HOUSE》，改編自我實地考察街友生活狀況的研究。

本來我的這些工作，約有十年的時間都不被大眾所注意，但現在卻以驚人的速度在全世界傳播。這雖然讓我很驚喜，但同時也讓我了解到，這項志業已經是我不能輕易放棄的重責大任。

我很慶幸自己沒有操之過急，而是不放棄理念，讓時間決定一切，如此才能將我的態度傳遍全世界，而這些發展也逐漸成為讓社會脫胎換骨的契機。

我在二〇一一年的五月成立新政府後，有三個月的時間，不眠不休地為核災避難計畫、福島兒童短期撤離至熊本的零元夏令營奔走。到了八月，我突然發現，那一連串的避難計畫也許有辦法發展為地方自治工作。但此時，我的身體似乎不堪負荷，連續兩年沒復發的躁鬱症突然襲擊了我。在這之後，我有四個月的時間幾乎沒有寫東西，大白天就躲在被窩裡，為自己創立新政府的囂張行徑感到後悔，我的雙親也因此帶我到精神科就醫。雖然我並不覺得自己精神方面有問題，但這個時期，我開始懷疑起自己的理念，覺得自己發起的新政府活動已經玩過頭了。

這本書的起源，就是憂鬱時所思考的大小事情。

當然，那時我並沒有寫下任何一句關於本書的字句，但我的思想漸漸展露出曙光。四個月後，我終於能精神奕奕地踏出家門。然後，我便開始專心寫文章。

發表文章的舞台當然就是推特。如果把我每天寫的文字量換算成稿紙，大約有四十張稿紙的份量。從第一次上傳文章到推特，至今已經累積了一千五百張稿紙。即使是現在，我也依然會先寫好文章再上傳到推特。

當然，由於推特是社群網站，因此我所有公開的文章都能免費閱讀。我覺得這是很不錯的發表形式，因為我只是單純地想將自己的想法傳達給他人知道。

總之，我最想做的，就是讓沒錢但有能力上網的人閱讀我的文章。所以，我打定主意用零元的理念繼續寫文章。

有一天，講談社的川治豐成先生（後來成為了本書的責任編輯）在看過那些免費閱讀的文章後，詢問我是否有出書的意願。但我不確定那些免費文章出版成書後是否有銷路，所以我提醒川治先生，最好考慮清楚。川治先生也認為我說的沒錯，因此今天這本書才得以成冊。我真的得好好感謝川治先生，他肯定我應該另外寫出一本內容不一樣的書。

當然，我今後還是會自作主張，繼續將我的文章免費提供給社會大眾瀏覽。畢竟這也是屬於我個人的態度經濟。

雖然本書書名乍聽之下很誇張，但在決定出版的瞬間，我就很確定這本書一定要用「第一次自己建國就上手」為標題。

我常常在想，在目前這個混亂的世局裡，我們是不是該在各種政策面上尋求自治獨立，進而打造出眾人可以互助互惠的健全社會。雖然我對這個理想只是略盡棉薄之力，但每過一天，我就愈能感受到眾志成城的力量，這股力量正在發展為全新的經濟體系。

我想持續探討「經濟」這個詞的本意。這同時也是我寫下這本書的目的。

而我也非常期待身為讀者的你，能因為本書開始磨練「生存的技術」。以技術和眾人交流，然後讓這個社會的視野逐漸擴大。

在最後，我想感謝在推特上給我忠告、批評、建議的新政府國民，以及那些激發了我的靈感的朋友。

在我懷疑新政府活動不過是一種荒唐的行徑時，太太一直默默地支持我，我的女兒也對我說：「爸爸是個普通人喔。」她們的支持拯救了我那瀕臨危機的生命。所以，我一定要對這兩個最親近的人說聲：「謝謝妳們。」

我相信現在已經開始吹起一股風潮。

能改變我們社會的革命已經開始發動了。

坂口恭平

二〇一二年四月九日

於新加坡南風的吹拂之下

Revolution 013

第一次自己建國就上手
上任有理，建國無罪，自己的政策自己訂！

独立国家のつくりかた

作　　者／坂口恭平
譯　　者／王榆琮
副 主 編／陳怡慈
特約編輯／施舜文
美術設計／顏一立
排　　版／ bear 工作室

董事長・總經理／趙政岷
總 編 輯／余宜芳
出 版 者／時報文化出版企業股份有限公司
10803 台北市和平西路三段 240 號四樓
發行專線／（02）2306-6842
讀者服務專線／ 0800-231-705、（02）2304-7103
讀者服務傳真／（02）2304-6858
郵撥／ 1934-4724 時報文化出版公司
信箱／台北郵政 79 ～ 99 信箱
時報悅讀網／ www.readingtimes.com.tw
電子郵件信箱／ ctliving@readingtimes.com.tw
人文科學線臉書／ http://www.facebook.com/jinbunkagaku

法律顧問／理律法律事務所 陳長文律師、李念祖律師
印　　刷／盈昌印刷有限公司
初版一刷／ 2017 年 2 月
定　　價／新台幣 320 元

時報文化出版公司成立於一九七五年，
並於一九九九年股票上櫃公開發行，於二〇〇八年脫離中時集團非屬旺中，
以「尊重智慧與創意的文化事業」為信念。

ISBN 978-957-13-6905-1

Printed in Taiwan

國家圖書館出版品預行編目（CIP）資料

第一次自己建國就上手：上任有理，建國無罪，
自己的政策自己訂！/ 坂口恭平著；王榆琮譯. --
初版. -- 臺北市：時報文化, 2017.02
面；　公分. -- (Revolution ; 13)
譯自：独立国家のつくりかた
ISBN 978-957-13-6905-1(平裝)

1. 社會 2. 日本
540.931　　　　106001142